JOAQUIN CARO ROMERO

JORGE GUILLEN

grandes
escritores
contemporáneos

GRANDES ESCRITORES CONTEMPORANEOS

Colección dirigida por

Luis de Castresana

y

José Gerardo Manrique de Lara

JOAQUIN CARO ROMERO

JORGE GUILLEN

E. P. E. S. A.

© by Joaquín Caro Romero
Esta edición es propiedad
de EPESA. Ediciones y Publicaciones Españolas, S. A.
Oñate, 15 - Madrid - 20

I. S. B. N.: 84-7067-207-X
Número de Registro: 12.656 - 73
Depósito Legal: M. 2.809 - 1974

Impreso en España por AGISA
Tomás Bretón, 51. Teléf. 228 67 28. Madrid - 7

A Irene Monchi Sismondi.
A José Luis Cano.

Daría muchos de mis volúmenes por un poema de Guillén...

Borges

EL HOMBRE

¿La biografía de Jorge Guillén es imposible? Nadie la ha escrito todavía. Críticos, amigos y discípulos se han asomado a su obra, con indudable penetración y talento casi siempre, pero la vida del poeta permanece entre bastidores íntimos, como si un pudor, dominado por la modestia, recatara sus latidos más entrañables. Jorge Guillén, Pedro Salinas y Luis Cernuda son los poetas menos «espectaculares» entre las primeras voces de la generación poética más brillante del siglo. Los menos leídos y más minoritarios, los de biografía más escasa y noticias menos abundantes. Son tres «mitos» alejados de los fuegos artificiales y las celebraciones de ocasión. Poetas de una trayectoria intensa, que vuelan por encima de los ojos miopes. Antonio Machado, en un trabajo publicado en «La Gaceta Literaria» (Madrid, 1 de marzo de 1929), escribe: «Ni un Pedro Salinas ni un Jorge Guillén, cuyos recientes libros admirables saludo, han de aspirar a ser populares, sino leídos en la intimidad, por los más capaces de atención reflexiva.»

En España, quien está más preterido hoy es, sin duda, Jorge Guillén, cuya obra tiene una enorme difusión internacional. ¿De dónde parte la incompleta o mínima circulación de sus libros? ¿Del distanciamiento físico del autor, de limitaciones editoriales, de la laguna política, de la ignorancia o el desinterés? ¿De que no coincide con la «moda»? Octavio Paz ha dicho: «La influencia de Guillén en la poesía de nuestra lengua ha sido profunda y fértil. Profunda, porque ha sido lo contrario de una moda: la elección de unos cuantos poetas aislados; fértil, porque fue un ejemplo crítico y así nos enseñó que todo decir implica un callar, toda creación una crítica. Desde el principio fue un maestro, lo mismo para sus contemporáneos que para los que llegamos después. Federico García Lorca fue el primero en reconocerlo; estoy seguro de que no seré yo el último.» Muy alumbradora la cita, viniendo de una pluma tan escrupulosa y lúcida como la de Paz.

No pedimos para Jorge Guillén premios ni honores privisionales, que él no los necesita ni los busca para seguir siendo un poeta de la máxima graduación. (Sin necesitarlo ni buscarlo le dieron en 1959 el premio de Poesía

Etna-Taormina, y en 1961 el Gran Prix International de Poèsie.) El ha dejado escrito:

> *«¿Algún honor?*
> *Ni se busca ni se rechaza.*
> *¿Premio? De pronto*
> *Cae del cielo, no en la caza.*
> *¡Quiebre el albor!»*

Entre la gente joven, entre los que nacimos después de la guerra, quizá yo sea uno de los que mejor le conozcan, pues tuve la suerte de disfrutar, en repetidas ocasiones, de prolongadas charlas con él. Y ese conocimiento humano directo me engrandecía su figura más y más.

> *«Placer de hablar: amigos somos,*
> *Aunque los temas evitados*
> *Formen silencio en muchos tomos.»*

¿Tomos de silencio? Los llenaremos algún día. Están las palabras esperando.

La biografía de Jorge Guillén —alguien ha dicho que los poetas no tienen biografía— es sumamente pobre si se la compara con la de Marilyn Monroe, que murió, «ay, de publicidad». Y tampoco disponemos de un libro de conversaciones, como las que mantuvieron Goethe y Eckermann, para una especie de vivisección. Recuerdo unos versos de Amado Nervo que leí siendo niño: «...yo, como las naciones / venturosas y a ejemplo de la mujer honrada, / no tengo historia».

El 18 de enero de 1893 nace en Valladolid, en la casa número 11 de la antigua calle de Caldereros —hoy de Montero Calvo—, Pedro Jorge Guillén Alvarez. Cinco días después, muere en Madrid su paisano José Zorrilla. El futuro poeta fue el mayor de los cinco hijos que tuvieron don Julio Guillén Sáenz y doña Esperanza Alvarez Guerra, también nacidos en Castilla.

> «—*Hombre convertido en hombre,*
> *Castellano de Castilla:*
> *El día que tú naciste*
> *Ninguna señal había.*
>
> ... ...
>
> *En un 18 de Enero*
> *Todo un futuro se inicia*
> *Situado entre fronteras*
> *De historia sin profecía.*»

En un pueblecito de Valladolid, Montealegre, nacieron, vivieron y murieron muchos de sus antepasados, desde el final de la Edad Media hasta su abuelo don Patricio, que terminó sus días en la capital. Hay un documento de Alfonso VIII, fechado en 1171, donde se menciona esta villa que, en el transcurso de la historia, recibiría privilegios y fueros. Hasta 1520, en que la conquistaron las tropas de Carlos I, pertenecía a las comunidades de Castilla.

Jorge Guillén es castellano por los cuatro costados, menos por uno: su abuelo materno, don Laureano Alvarez —diputado por Castelar—, aunque residente en Valladolid, había nacido en Orense.

Este «genio de paisano», como lo ha llamado Julián Marías, ha escrito hermosos poemas a Montealegre y su castillo, a Valladolid y sus cerros —con preferencia por el de San Cristóbal—, a la meseta, a los pinares, incluso a los cisnes del estanque del Campo Grande... El poeta evoca con frecuencia, en versos muy concretos, lugares, circunstancias y seres queridos desde su «feliz infancia difícil»:

> *«Y por allí, la Fuente de la Fama,*
> *La Alameda de un Príncipe.*
> *Paseos conquistaban San Isidro,*
> *Las Arcas Reales, y entre los dos puentes*
> *Río famoso por su mansedumbre.*

... ...

Tardes de infancia. Mágica palabra:
Merienda.
(...Y también mantecados de Portillo.)

... ...

Los buenos a la sombra de un amor
Respiraban. El padre y sus trabajos,
Jehová que está allí para nosotros.
La madre, verdadera siempre, siempre.
Junto a los hermanillos se convive
La intimidad enorme de la casa.

Y la dulce figura del maestro,
Que tan humildemente comunica
Su claridad de santo franciscano.
Infancia. ¿Viva, muerta? Viva y muerta.»

Inicia el poeta sus estudios primarios bajo la dirección del maestro don Valentín Alonso, y luego cursa el bachillerato en el Instituto San Gregorio de Valladolid. Desde octubre de 1909 a febrero de 1911 permanece en Friburgo (Suiza) interno en la «Maison Perreyre del padre Francesi dell'Oratorio». A los diecisiete años viaja por vez primera a Italia. Estudia Filosofía y Letras en Madrid, en la Residencia de Estudiantes, para licenciarse en la Universidad de Granada en 1913. Pasa un año en Alemania. De 1917 a 1923 es lector de Español en la Sorbona.

A los veintiocho años de edad, el 17 de octubre de 1921, contrae matrimonio con la francesa Germaine Cahen, que tiene entonces veinticuatro. Germaine —escribió Carlos Morla— «me parece comunicativa —virtud española— al tiempo que femenina y *charmante* —virtud francesa—. (...) No es sólo la esposa y la madre —alma de la casa—, sino también la compañera colaboradora».

Al año siguiente de la boda, nace Teresa, que se casaría con el hispanista Steve Gilman, y haría tres veces abuelo a Jorge Guillén. De sus nietos, Antonio, Isabel y Anita, también habla el poeta en sus versos.

Otro día 17 —setiembre de 1923—, muere en Valladolid doña Esperanza, su madre.

1924 es el año de su doctorado en Letras en Madrid y del nacimiento de su hijo Claudio en París.

Teresa y Claudio irían cautivando a todas las amistades de la familia. El citado Carlos Morla recuerda: «La niña es viva, lista, inteligente; posee la gracia de su madre. (...) Claude me recuerda al Bautista niño de Murillo. Tiene el don este chico de hacerse querer de todos los que a él se acercan. Basta mirarlo para quererlo.»

Juan Ramón Jiménez evoca así a la simpática parejita: «Teresita, la niña de Jorge Guillén, el poético esbelto, le tiene un miedo hondo a mi barba negra. Cuando me ve, me dice cerrando los ojos, encojiéndose como ante un tiro: «¡No, Juan Ramón, no me beses en la cara; yo te besaré a ti donde tú quieras!» Y me coje la mano, ennoblecida por el deseo sumiso de contentarme con un beso derivado y complaciente.

»Es toda turquí. Los ojos celestes le contajian la carnecilla rosa, redonda, inocente, atrevida; y, sobre la impertinente naricilla respingona que le engamuza y le entrecorta las palabras respiradas, fijan en uno, fruncidos, las estrellitas francesas heredadas de su madre.

»Un instante parece que nos va a decir una atrocidad, desvergüenza de veinte años; pero, claro, sus siete no llegan a ello, y lo que nos dice es una silvestrada anjelical mientras echa mano, volviendo loco al que intente seguir sus curvas filigranas, al décimo bizcocho.

»Aparece, desaparece, se viene a todo por los bordes, cae del techo. Ahora asoma un poquito de media cara por el corredor, pone la voz todo lo negra, profunda, triste que puede su azulez, y le dice a su hermanito Claudio, que sin duda le sonríe permanentemente con su carita tostada y oro de buen Murillo, niño español: «Vamos a azuztar a Juan Ramooónnn...»

»Y, asustada de su propio susto, salta corriendo de sí misma, cae sillas, tira cacharros, entra y sale por puertas y ventanas, se coje a una lámpara, y al fin viene sin mirada, como un animalillo atolondrado, a refujiarse en mi barba negra sonriente, de mi terrible barba que ella se ha figurado, disfrazándose un momento de mi espantoso mí mismo, coco, para asustarme.»

Durante el período comprendido entre 1926 y 1929, Jorge Guillén es catedrático de lengua y literatura españolas en la Universidad de Murcia. En esta capital dirige, con Juan Guerrero Ruiz, *Verso y Prosa*, *Boletín de la joven literatura*, que alcanzó los doce números de existencia. Guerrero Ruiz era murciano y había nacido el mismo año que Guillén. Fue llamado por García Lorca «cónsul general de la Poesía Española». Hizo traducciones de James Joyce, Valery Larbaud, D. H. Lawrence... En 1934 fundó, con José Luis Cano, la colección «Adonais». (A Cano lo consideraba Cernuda «acaso el crítico más generosamente intencionado con que la poesía española cuenta hoy».)

De Murcia, Jorge Guillén se va de lector a la Universidad de Oxford. De 1931 a 1938 es catedrático de la de Sevilla. Hay un testimonio de uno de sus discípulos, el poeta Juan Ruiz Peña, que en 1932 asistía al aula de Literatura, cuyos alumnos no pasaban de la docena: «...era un hombre bastante delgado, pero de recia osamenta, esbelto y bien vestido, de una natural elegancia y gran señorío en el trato. Tendría cerca de cuarenta años, y apuntaba en su cráneo una calvicie prematura, unas hebras de pelo, de un pelo fino, y aún negro, sobre la cabeza, ya un tanto monda. La nariz era aguileña, en un tris de ser ganchuda, encima de ella se sostenían unos lentes de oro, la boca, bermeja y humedecida, resultaba pequeña, además tendía a contraerse, la piel del rostro era pálida, casi amarillenta, descarnada como de asceta, eran los ojos escrutadores e imperiosos, no obstante su grisácea miopía, los que aureolaban de una simpática nobleza al rostro marfileño. El conjunto causaba agrado e imponía respeto. Ya al entrar algunos muchachos que tenían aficiones literarias hablaban de él con admiración y decían que era muy buen poeta. (...) Cada lección guilleniana era una obra de creación. De su castellano de Valladolid, neto, nítido y exacto, brotaba una criatura de arte. (...) ¡Con cuánto sentimiento leía don Jorge! ¡Con qué respetuosa humildad se colocaba delante del poeta explicado! ¡Cuánto ardor! Sí, ardía en los oyentes la llama de la poesía. A veces, aquella clase era todo espíritu, cosa etérea e impalpable, y aleteaba sonora la poesía...».

En setiembre de 1936 sufre unos días de prisión en Pamplona, por motivos políticos, y al año siguiente se ve obligado a dejar su cátedra. Se retira a Málaga, donde reside desde el verano de 1938 a últimos de este año, en que emprende el exilio voluntariamente.

Profesor en el Middleburg College durante el curso 1938-1939; en la Universidad McGill de Montreal (1939-1940); en el Wellesley College (1940-1957); ocupa en Harvard la cátedra de Poesía «Charles Eliot Norton» (1957-1958) y es profesor visitante en diversos centros universitarios estadounidenses y latinoamericanos hasta 1971.

El 23 de octubre de 1947 muere, en París, su esposa.

> «Sobre esta misma almohada
> Me acompañó su cabeza.
> Sé ya ahora cómo empieza
> La blancura de la nada.»

Y el 30 de abril de 1950 (siete meses antes que Pedro Salinas) muere su padre.

> «Se me muere tanta gente
> Mientras voy sobreviviendo
> Que oír me parece: —Vente.»

Cuántas páginas podrían escribirse sobre la amistad de Guillén con Salinas, de Salinas con Guillén, uno de los más grandes y hermosos ejemplos de camaradería de todas las literaturas. El autor de *Todo más claro* manifestó: «A Jorge Guillén. El fraterno, que casi no se atreve uno a hablar de él, porque es como de la familia. Miro atrás, al tiempo de nuestras vidas, y no se ven más que concordancias, que son alegrías, y coincidencias, que son asombros. En París, frío cuadrángulo gris de la Sorbona; en Sevilla, jardines alcazareños, La Cruz del Campo, Giralda, índice, a distancia; Cambridge, patio de Queens y el puente, en los *backs*, de madera añosa; y ahora Wellesley, de melenadas doncellas por las praderas peinadas del College, *Christmas carols* en la nieve de Navidad, viajecitos a la Biblioteca de Boston. A todos esos sitios llegué yo el primero, como el mayor, que va a enterarse de si las cosas están bien para avisar que puede venir el más pequeño; y luego, cuando yo me iba —eso es lo malo— venía él a vivirlo como lo había yo vivido, cada vez más pasmados por esta firmeza de destinos paralelos. ¡Y tan distintos que somos!»

Jorge Guillén pasa el verano de 1949 en Valladolid. Y desde 1954 se detiene largas temporadas en Italia, principalmente en Florencia y Roma.

El 11 de octubre de 1961 el poeta se casa por segunda vez. La boda, con Irene Mochi Sismondi, romana, de padres toscanos, se celebra en Bogotá. Recuerdo —aunque esto no tenga importancia para el lector— que quien me dio la noticia del casamiento de Guillén fue Romero Murube, una tarde que paseábamos los dos por los jardines del Alcázar sevillano.

El matrimonio viaja por Bélgica, Portugal, Holanda, Italia... (Imposible seguir la pista de tantísimos itinerarios.)

El día primero de marzo de 1970, inexplicablemente festividad del Santo Angel de la Guarda, el poeta sufre un accidente en Puerto Rico. Los periódicos transmitieron del siguiente modo la noticia: «San Juan de Puerto Rico. Jorge Guillén, profesor visitante de la universidad de Puerto Rico, se fracturó la cadera y la mano izquierda (no era exacta esta información: se trataba del fémur y la muñeca) el domingo pasado en la universidad y se encuentra recluido en un hospital de esta capital. El presidente de la universidad de Puerto Rico, don Jaime Benítez, le trasladó personalmente a la clínica donde permanece, y se ha procurado de proporcionarle los mejores servicios facultativos. El poeta será objeto de una intervención quirúrgica mañana martes. Su estado es el normal en estos casos y se anticipa su restablecimiento. Le acompañan su esposa, Irene, y su hija Teresa Guillén de Gilman, que dirige el Departamento de Estudios Hispánicos de la universidad de Harvard, de Estados Unidos. Jorge Guillén tiene setenta y siete años, y ello hace siempre delicado su estado.» Inquietante noticia que, por fortuna, no tuvo las fatales consecuencias que nos temíamos. «El poeta fue intervenido quirúrgicamente anteayer y la operación duró dos horas, resultando enteramente satisfactoria. Ayer, usando de las nuevas técnicas posoperatorias, el poeta fue sentado durante una hora en un sillón de ruedas, para que estuviera incorporado y pudieran trasladarle de un lado a otro. De todas maneras, han sido palabras de su esposa, aunque su estado actual ofrece las mejores perspectivas, los doctores que le han operado y le cuidan prevén una recuperación larga.» Los siguientes informes recibidos por télex eran cada vez más esperanzadores: «Se levantó hoy (jueves, 5) y caminó por la habitación del Hospital del Auxilio Mutuo, en San Juan. Los doctores Espinosa y Saldaña, del citado hospital, intervinieron quirúrgicamente a Guillén el martes pasado y esperan una pronta recuperación, aunque permanecen vigilantes ante posibles complicaciones circulatorias. «Se encuentra ya con la boina y charlando», dijo, refiriéndose al buen estado en que se encontraba Jorge Guillén, su hija Teresa.»

Cuarenta días después del percance, el propio poeta me escribió (a mano, como siempre) diciéndome que abandonaba el hospital y se trasladaba a La Jolla (California) para convalecer en el domicilio de su hijo Claudio, que es profesor de literatura española y comparada.

El poeta Dionisio Ridruejo, que se hallaba entonces en Puerto Rico, evocó así su visita al ilustre lesionado: «La plétora de vida, el gran «sí» a la vida que el poeta ha declarado verso a verso, entra ahora por la ancha ventana que queda junto a su lecho y la bien aprendida lección de la luz, de los pájaros, de la arboleda calma, le hace olvidar el dolor de los huesos. Aún doliente y a ratos cansado, el Guillén hablado es como el Guillén escrito, pura claridad: la inteligencia sirviendo a los ojos. Visto de perfil tiene algo de caballito de ajedrez. De frente, algo de ave meditabunda. A la primera mirada, antes de la primera palabra, hay en él algo como frío o distanciado: la nariz larga y fina, los labios delgados, las gafas profesorales con montura dorada. Pero bastan pocos minutos para ver que la sensibilidad, como una respiración —absorbiendo, irradiando—, da a toda su figura una movilidad que no necesita gesto porque está en todos sus poros y sobre todo en los poros grandes de la mirada. Todo le interesa. Sobre todo tiene algo justo, preciso, que decir. Ahora, sujeto a la disciplina de la clínica, está más para escuchar que para verse. Pregunta, pero en seguida anota, pone con una frase breve la cosa en su punto. Lee. Me dice que ni siguiera ahora ha dejado de escribir alguna página cada día. Lo necesita. Creo que le molesta lo evanescente, lo inexpreso y hasta a los movimientos de su cenestesia necesita traducirlos a verso. Con palabra depurada. Tanto como lo vago, dice, le ofende lo vulgar y lo soez. Aquí y ahora le rodean sus hijos Claudio y Teresa. El una inteligencia aplomada, tranquila. Ella, una llama de vitalidad, un chisporroteo de ocurrencias. A su lado, el profesor Gilman de Harvard —el yerno de Guillén— se divierte manifiestamente como si aquella fiesta humana que es su costumbre le fuera siempre nueva. A los pies de la cama, Irene, la segunda mujer de Guillén, sonríe y acaricia con la sonrisa, pues es una italiana de la especie suave. El amor solícito que inspira un hombre de setenta años a los miembros de su familia —cuando se ve que realmente es amor— es un certificado de vida noble, rica, abierta, liberal, cuidadosa. Me ha conmovido mucho ver a este Guillén nada ablandado, pero a punto de colmena.»

Jorge Guillén fue, por su «camino de perfección», mejorando y mejorando. Hoy, aquel suceso ya es historia y el poeta —¡que es bisabuelo desde el 9 de mayo de 1971!— prosigue escribiendo y viajando con una vitalidad y un ahínco admirables.

Este español errante ha cumplido felizmente sus ochenta años en un delicioso lugar de la Costa Azul: Niza.

> *«Villa por villa en el mundo,*
> *Cuando los años felices*
> *Brotaban de mis raíces,*
> *Tú, Valladolid profundo.»*

EL POETA

Los exégetas de la obra del clásico de la ciudad del Pisuerga son numerosísimos. De Jorge Guillén, si no está dicho todo, sí hay mucho estudiado.

No fue precoz el poeta. Comenzó a escribir versos a los veinticinco años. El lo cuenta así: «Era en París y en 1918. ¿Por qué no lo había intentado antes? Porque no se atrevía. Alguna vez dijo: «Lo daría todo por escribir un libro de versos.» Pensaba ya en una obra como unidad orgánica. Le fascinaba la construcción rigurosa de *Les Fleurs du Mal;* descubrió más tarde *Leaves of Grass.* En 1919, *annus mirabilis*, durante el verano, en una playa de la Bretaña francesa —Tregastel— comenzó a surgir lo que se llamaría *Cántico.*»

Tampoco se puede «acusar» de prematuro a Salinas, ni, muchísimo menos, a Villalón, poeta tardío, hoy apenas recordado. (Poéticamente, es indudable que Villalón —remachemos la ironía del olvido— pertenece a una de estas generaciones: a la «de los años 20» —como la llama Guillén—, a la «del 25» —como la llama Cernuda—, a la «del 27» —como la conoce la mayoría—, a la «de la Dictadura» —como dicen unos—, a la «de la República» —como la nombran otros—, a la «de la amistad» —como prefiere José Luis Cano—, a la «generación Guillén-Lorca» —como la bautiza González Muela—.)

Cántico señala una de las cumbres, no sólo de la lírica española, sino universal. El proceso de gestación de este libro —treinta y un años— es quizá el más lento y profundo que registra la historia de nuestra poesía. El caso no tiene parangón que lo eclipse. La primera edición de *Cántico* data de 1928, fue publicada en «Revista de Occidente» y contiene 75 poemas; la segunda, en «Cruz y Raya» (Madrid, 1936), con 125 poemas; la tercera, en «Litoral» (México, 1945), con 270 poemas; la cuarta, en «Sudamericana» (Buenos Aires, 1950), primera edición completa y definitiva, con 334 poemas. Dámaso Alonso, con enorme gracia matemática, ha hecho el cálculo de crecimiento de esta manera: la segunda edición de *Cántico* aumenta su contenido con respecto a la primera en un 67 por 100; la tercera, en un 116 por 100 sobre la segunda; la cuarta, en un 24 por 100 sobre la tercera. Y no paran ahí las operaciones. «Si ahora tenemos en cuenta —dice Dámaso— el número de años transcurridos, entre la primera y la segunda edición escribe Guillén unos 6,25 poemas por año; entre la segunda y la tercera, unos 14,5 por año; entre la tercera y la cuarta, unos 15,5 por año. Hermosa continuación, de velocidad creciente en el paso de juventud a madurez, y aun durante la madurez misma.»

Cántico se divide en cinco partes y todas —dato curioso— comienzan con un poema sobre el amanecer y terminan con otro sobre la noche. En *Clamor* y en *Homenaje* también advierto esta clave de la luz y la oscuridad, que lo colma todo de un realísimo sentido. Guillén es el poeta de la transparente realidad, pero —como dice Octavio Paz— «no es un poeta realista: su tema es la realidad. Una realidad que la costumbre, la falta de imaginación o el miedo (nada nos asusta tanto como la realidad) no nos dejan ver; cuando la vemos, su abundancia alternativamente nos embelesa y nos anonada. *Abundancia*, subraya Guillén, no hermosura. Abundancia de ser: las cosas son lo que son y por eso son ejemplares. En cambio, el hombre no es lo que es. Guillén lo sabe y de ahí que *Cántico* no sea un himno al hombre: es el elogio que hace el hombre al mundo, el ser que se sabe nada al ser henchido de ser. La nube, la muchacha, el álamo, el automóvil, el caballo —todo, son presencias que lo entusiasman. Son

33

los regalos del ser, los presentes que nos hace la vida. Poeta de la presencia, Guillén es el cantor del presente: *El pasado y el futuro son ideas. Sólo es real el presente*». El libro es una asombrosa «afirmación del ser y del vivir», un «diálogo entre el hombre y la creación». *Fe de vida* se subtitula. Equilibrio, armonía, sobriedad, fenómeno del esfuerzo, poesía de la inteligencia, gozo vital, exaltación, música... Su estructura, su elaboración, nada deben a las improvisaciones. ¿Frialdad? No, no, arrebato —siempre controlado— en el quehacer poético, en conexión apasionada con la realidad. Guillén cree en la «inspiración», pero de muy distinta manera que Maragall, por ejemplo. El autor de *Visions i cants* no era partidario de retocar sus escritos. Enmendar cualquier pasaje o estrofa significaba un atentado contra esa «fiebre divina». Revisar un texto poético era, para él, una traición contra ese «estado de gracia sin el cual no hay poesía». Guillén, que con tanta tenacidad pule y reconstruye el verso persiguiendo la exactitud —cuántas variantes presentan las distintas ediciones de *Cántico*—, sabe que toda obra de arte necesita de rigor y de elementos conscientes. La inspiración no es suficiente por sí sola. Debe ser dominada, desarrollada y encauzada mediante los recursos técnicos y el poder de la inteligencia, ya que al caer en la zona de la gratuidad y el capricho puede malograrse el hallazgo. La inspiración no siempre elige el vocablo que más conviene y le acechan los peligros que trae consigo la espontaneidad y la carencia de meditación y control. ¿De dónde proviene esta «embriaguez», este «entusiasmo», como dice Baudelaire? Proust nos habla de las leyes misteriosas que germinan en el espíritu del poeta. Valéry, tan a favor de la lucidez creadora, declara que basta un acontecimiento inesperado para hacer despertar el poeta del fondo del hombre. La causa puede ser «exterior o interior: un árbol, un rostro, un tema, una emoción, una palabra». Podríamos referirnos a otros estados de productividad contradictorios, a cómo obtenían la «inspiración» Keats, Claudel, Coleridge, Sábato, Byron... Pero lo que quería llegar a decir es que Guillén es un «poeta inspirado».

La originalidad de estilo y temática de *Cántico* es sorprendente. Cuánta variedad de estrofas y de ritmos. El profesor José Manuel Blecua analiza «inusitadas fórmulas que creo invención del propio poeta (al menos no las he visto en la poesía española) como el uso del pareado compuesto por un tetrasílabo y un alejandrino, o una cuarteta, de muy distinta medida, asonantados los pares, que son de arte menor». Expone Blecua «un catálogo extraordinario de soluciones formales, aparte, claro está, de los versos libres». Los recursos estilísticos son innumerables: desde «anteponer el adjetivo al sustantivo correspondiente, indicando así, en primer lugar, el predominio de la actualidad, accidental o permanente» hasta mezclar imágenes concretas e incluso abstractas; el constante empleo de signos de admiración e interrogación, la importancia de una coma o un punto; la frecuente repetición de determinados adverbios: *cuánto, tanto, más, sí, todo*... (De estudiar la utilización de *ya* y *lo* se encarga José María Valverde en sus *Estudios sobre la palabra poética*.) ¿Otros detalles lingüísticos? La ausencia del verbo, a veces, como en todo el poema «Niño» (el tercero de la primera parte de *Cántico)* o en los últimos veinte versos de «Salvación de la primavera». Muy del gusto del poeta es iniciar siempre, siguiendo el uso clásico, con letra mayúscula cada verso y no sangrar nunca las estrofas.

En la tercera edición de *Cántico* hay quien suma hasta cincuenta y cuatro pretéritos imperfectos, cifra que se considera muy elevada, pues en la edición primera sólo aparece uno. Todos los aristarcos hablan de «perfección» y se meten a cazar anáforas, anfíbracos y superproparoxítonas. (Pergeñando estas páginas, he llegado a la conclusión de que los doctos intérpretes de la obra guilleniana son, por lo general, unos pelmazos, a quienes acaso sea preferible no recurrir ni escuchar. ¡Se examina con demasiada «universidad» esta poesía!).

Guillén ha concebido su obra como una pieza unitaria. Todos los caudales proceden «de un solo manantial». El ciclo se continúa en *Clamor*, subtitulado *Tiempo de Historia*. ¿Por qué? El poeta castellano lo explica en una autoexégesis: «Porque permanece inmerso en el fluir histórico de nuestra época, no como en *Cántico*, más atento a la vida elemental y general. Sátira y elegía, desde muy cortos epigramas hasta poemas relativamente extensos —con más narración y descripción que en los poemas del primer ciclo— y otras composiciones de índole muy varia forman las tres partes de *Clamor*.» Estos libros se imprimen en Buenos Aires y llevan títulos muy reveladores: *Maremágnum* (1957), *...Que van a dar en la mar* (1960) y *A la altura de las circunstancias* (1962). En *Clamor* destacan los poemas de contenido político:

> «—*Los candidatos son dos.*
> —*Nunca posible eminencia.*
> *Buen mediocre nos dé Dios.*»

elegíaco:

> «*Noche a solas, vida vieja.*
> *Ni uno soy en soledad.*
> *(Yo viví, yo fui pareja.)*»

epigramático:

> «—*¿Qué traje te gusta más?*
> *—Este, de celda, no. Pero...*
> *Este, de cuartel, jamás.*»

Abundan en *Clamor* los elementos de crítica y de protesta. El desorden, el mal, la destrucción, la desesperanza, el caos, la violencia, la injusticia, el sufrimiento ofrecen tema a Jorge Guillén para ampliar su repertorio con otra visión, muy preocupada, de la realidad. Las «fuerzas negativas —escribe José Luis Cano— han irrumpido con tal ímpetu en nuestro tiempo, que el poeta siente como un deber el alzar su canto de protesta frente a ellas y dejar testimonio en sus versos de un mundo de confusión, desorden e injusticia, un mundo de guerras y hambre, de persecuciones políticas raciales, de terror atómico». El poeta demuestra muy abiertamente que no está conforme con la sociedad. (Los que le han «reprochado» —porque no lo supieron entender— aquel verso que dice «el mundo está bien hecho», deben tener en cuenta otro del mismo libro *(Cántico)*, que dice: «Este mundo del hombre está mal hecho.» Y otro de *Homenaje*, más tajante: «Nunca estará bien hecho el mundo humano.»)

Con *Homenaje* (Milán, 1967) se completan las tres series de la sostenida aspiración de unidad: «que sean tres los libros e uno el dictado», como expresa la cita de Berceo que encabeza el volumen. Según su nombre indica, *Homenaje* —que lleva el subtítulo de *Reunión de vidas*— es una exaltación, a lo largo de 636 páginas, de la historia literaria, del mundo clásico, de la amistad, del amor, de la convivencia. Y otra «tentativa de integrar a lo absurdo, lo puramente inarmónico o no-musical, en una concepción del mundo». Aquí «el pasado siempre es presente». Como advierte Joaquín Casalduero, «la actitud de Jorge Guillén es parecida a la de Goethe por lo que se refiere a la cultura. Goethe acepta, asimila, utiliza, rechaza cuando ya no le hacen falta ideas, sentimientos y lo que no me gusta nada, personas. Guillén es completamente diferente; tiene un ritmo respiratorio de inhalación y exhalación. Ese ritmo respiratorio de su vida espiritual y cultural, creo que no habría que extenderlo y relacionarlo con su poesía ni con su sentido del límite».

En *Homenaje* se recrean temas fundamentales, se filtran rasgos caricaturescos, humorísticos, irónicos, mordaces, además de doloridos, amorosos, felices.

La prodigiosa arquitectura de *Cántico, Clamor* y *Homenaje* fue concebida —según palabras del autor— «esencialmente unitaria con amplitud y variedad, y bajo un título común: *Aire nuestro.* El monumento así llamado apareció en Milán en 1968 formando un volumen de mil setecientas páginas. Se cumplió el viejo sueño de su juventud.

(Pero Jorge Guillén no da su obra por completa. En el otoño de 1972, allá en Cambridge (Massachusetts), termina de revisar *Y otros poemas*, que, seguramente, editará en México «Joaquín Mortiz». Tendrá una extensión de quinientas cuarenta páginas, me anticipa el poeta, pues para él «la paginación forma parte de la composición de la obra».)

En 1970 publica en Estados Unidos un nuevo libro: *Guirnalda civil*. Otra importante prueba que contribuye a desmentir el viejo tópico —fomentado por la ignorancia— de que su poesía es hermética y no se compromete a transportar afirmaciones políticas ni a arremeter contra lacras históricas y problemas vigentes.

Si hay una zona difícil en la poesía de Guillén grata a los críticos «universitarios» y a los fabricantes de tesis doctorales, también existe un cauce (inexplorado o casi inexplorado) que conduce directamente al pueblo y que algo debe a la musa popular. Me refiero, sobre todo, a los poemas que se reparten en los tres libros de *Clamor* bajo el título de «Tréboles»:

> *«Cada vez que me despierto*
> *Mi boca vuelve a tu nombre*
> *Como el marino a su puerto.»*

* * *

«Y se me escapa la vida
Ganando velocidad
Como piedra en su caída.»

* * *

«Gentes que me son extrañas:
Esas que me creen solo
Sin ver que tú me acompañas.»

Parece que los versos citados invitan a una música de guitarra andaluza. Si esto no es «popular», que venga el diablo y lo vea.

EL PROSISTA

Decir que Jorge Guillén es el más «intelectual» de los poetas de habla hispana se ha convertido en un tópico malintencionado con el que se pretende regatear el reconocimiento de otros valores decisivos. Octavio Paz supo darse cuenta y escribió: «Es asombroso que se haya tachado a Guillén, en España y en América, de poeta intelectual. En realidad, los únicos poetas intelectuales de esa época fueron dos hispanoamericanos: el mexicano José Gorostiza y el argentino Jorge Luis Borges.»

Cierto es que su formación y su curiosidad son universales. No sólo tradujo composiciones de Valéry, sino también de Shakespeare, Hölderlin, Leopardi, Montale, Rimbaud, Yeats, Claudel, Rilke, Wallace Stevens, Jules Supervielle, Pound, Saint-John Perse, Jean Cassou, etcétera. Y de algunos poetas catalanes y portugueses: Carner, Riba, Pessoa...

De su obra en prosa no se puede prescindir.

Ahí está *Lenguaje y poesía*, donde figuran importantes estudios sobre Berceo, Góngora, San Juan de la Cruz, Bécquer y Miró, textos que, ampliados, proceden de las conferencias que pronunciara, durante el curso 1957-1958, en Harvard, en la cátedra de Poesía «Charles Eliot Norton».

Eficacísimo para superar las dificultades que en principio encierre su obra y aproximarse a un análisis fructuoso es *El argumento de la Obra*, que contiene tres ensayos de máximo interés. En el primero, «Una generación», recogido también en *Lenguaje y poesía*, Guillén reflexiona en torno a la generación de poetas de los años 20 en un puñado de páginas definitivas. En el trabajo que presta su título a la obra, desarrolla una explicación del riquísimo mundo de *Cántico*, que poco tiempo después se complementa con la que traza de *Clamor* en el prólogo de una *Selección de poemas* suyos, publicados en Madrid en 1965. Finalmente, los juicios desarrollados en «Poesía integral» son confesiones, nada ceremoniosas, de su condición humana y literaria y de su amor a «la sobriedad en el lenguaje». No sé por qué este «discurso», leído en Mons (Bélgica), en junio de 1962, al recibir el Grand Prix International de Poèsie 1961, me recuerda en algo —la comparación es imposible, por supuesto— al que pronunció Albert Camus —soy devotísimo de este escritor desde mi adolescencia— en Estocolmo, con ocasión del Nobel.

En una edición preciosa, de bibliófilo, aparece en Madrid, en 1970, *En torno a Gabriel Miró*. Si bien el contenido de medio volumen está incluido en *Lenguaje y poesía*, es importante conocerlo porque recoge materiales inéditos acerca de la amistad y la correspondencia entre ambas figuras. Cada ejemplar, entre otras singularidades y autógrafos, trae dos láminas con las cabezas de Guillén y Miró, esculpidas por Miguel Gusil y Daniel Bañuls, respectivamente.

En Buenos Aires se publica en 1959 *Federico en persona*, texto muy difundido por servir de prólogo a las *Obras completas* españolas de García Lorca. Con la particularidad de que en en la edición argentina se ofrece *íntegro* el contenido de la semblanza y se reproducen numerosas cartas cruzadas entre los dos grandes poetas.

Dentro de este repaso a la producción guilleniana en prosa, cabe recordar el prólogo que le puso a su edición del *Cantar de cantares* (1936), de fray Luis de León, y a los *Poemas escogidos* (1953), de Pedro Salinas. Asimismo es destacable, entre lo que conozco, su hermosa radiografía de Valéry, publicada en el número 3 de *Plural* (México, diciembre de 1971), al cumplirse el centenario del poeta.

LA IMPORTANCIA DE LLAMARSE JORGE

«El Duque de Rivas, S. Mallarmé, J. Laforgue, A. de Vigny, P. Valéry, R. Darío, J. R. J., dan cada uno un lado suyo, una faceta, un plano, un pliegue, una sien...» Así comienza una de las tres «caricaturas líricas» que Juan Ramón Jiménez le dedicó a Jorge Guillén, poco generosa y parcial. Entre los parentescos también hubiera podido citar a Whitman o algún otro «pecado». Más que a influencias recibidas por el poeta, cabe referirse a las influencias repartidas. «Ningún influjo sobre los más jóvenes es tan evidente como el de Jorge Guillén (aun antes de aparecer *Cántico*)», declaró Dámaso Alonso. Poetas mayores y menores acusan de muy diversas maneras el peso del tesoro guilleniano, principalmente los de la generación del 36. El crítico Juan Cano Ballesta señala unos cuantos ejemplos: Antonio Oliver, en su libro *Tiempo cenital* (1932); Germán Bleiberg, en *El cantar de la noche* (1935); Dionisio Ridruejo, en *Fábula de la doncella y el río* (1935); Luis Rosales, en *Abril* (1935); Luis Felipe Vivanco, en *Cantos de primavera* (1936); Juan Panero, en *Cantos del ofrecimiento* (1936); Leopoldo Panero, en *Versos del Guadarrama* (1930-1939); Gabriel Celaya, en *Marea del silencio* (1935)... En todos o en casi todos los jóvenes de aquel tiempo se perciben los ecos del maestro de Valladolid, que «logró encarnar en su obra lo más destacado de la sensibilidad de toda una generación, cuyos ideales estéticos supo él convertir en obra poética ejemplar, reduciéndolos a una fórmula expresiva, una temática y una actitud ante los objetos del mundo. (...) El chispazo genial de un García Lorca, el otro gran ídolo, resultaba difícil de imitar, y el profundo lirismo de Juan Ramón no respondía ya plenamente a los nuevos gustos. Guillén logra crear una nueva sensibilidad, vibrante de entusiasmo, una nueva actitud del poeta ante el cosmos, una tonalidad lírica sensibilísima a las incitaciones de todo objeto exterior. *Cántico* consiguió el unánime juicio de la crítica, que lo señaló como libro trascendental».

Incluso poetas en lengua catalana deben algo a la obra de Guillén. Baste citar a Roselló-Pòrcel o a Salvador Espriu. Se ha discutido el influjo de Guillén en Cernuda, concretamente en *Perfil del aire* (1927). José María Capote

Benot, en un estupendo ensayo sobre *El período sevillano de Luis Cernuda* (Madrid, 1971), demuestra que la influencia existió, aunque «fue pasajera».

En Córdoba existió un importante grupo de poetas que, guardando más afinidades con Cernuda que con Guillén, lanzó una revista llamada significativamente *Cántico* —editada por Ricardo Molina, Pablo García Baena y Juan Bernier—, que se mantuvo desde 1947 a 1949, y luego, en su segunda época, desde 1954 a 1957.

El gran poeta Jaime Gil de Biedma le dice a Federico Campbell en *Infame turba*, con una sinceridad casi descarada por lo poco frecuente: «Influencia, para mí, ha sido Jorge Guillén, a quien imité durante años y sobre quien he escrito un libro».

Y otro respetable escritor de poesía, Luis Rosales, ha pronosticado hace poco en una entrevista que Jorge Guillén volverá «a tener durante mucho tiempo una vigencia extraordinaria».

DUELO ENTRE CABALLEROS

Una de las polémicas más palpitantes de la poesía española contemporánea es la de la ruptura, en 1933, de las amistosas relaciones entre Juan Ramón Jiménez y Jorge Guillén. Mucha tinta se gastó en el asunto, que alimentó durante muchos años la chismografía de la calle literaria. El origen del duelo protagonizado por el irreprochable caballero Guillén y el implacable caballero Jiménez fue el siguiente: El poeta andaluz envió al poeta castellano una colaboración para la revista «Los cuatro vientos» con estas palabras: «Querido J. G. Ahí va Bécquer, para los 4 vientos. Su J. R.» Poco después, empezaría el cruce de los famosos telefonemas: 1.º) «Ruégole retire orijinal mío revista. *Juan Ramón Jiménez.*» 2.º) «Comunico su decisión, que lamento, a X, encargado de la revista. Saludos. *Jorge Guillén.*» 3.º) «Quedan hoy retirados trabajo y amistad. *Juan Ramón Jiménez.*» 4.º) «No entiendo nada, no sé nada. Tengo derecho a explicaciones y las exijo. *Jorge Guillén.*» 5.º) «Las innecesarias explicaciones las tiene ya X. *Juan Ramón Jiménez.*»

¿Por qué el moguereño universal se sofocó de este modo? En una larga carta de Guillén a Jiménez puede leerse: «¿Por qué dejaba usted de ser mi amigo? Porque en el número 2 de *Los Cuatro Vientos* (tal como se anunciaba en el número 3 de *Cruz y Raya*) usted figuraba después de don Miguel de Unamuno. Este es el hecho. Luego vendrán los distingos y las interpretaciones. Si su retrato de Bécquer hubiera aparecido a la cabeza de la revista, no se habría producido el menor incidente. Pero hubo incidente. ¿Por qué? Porque usted se encontró «en eso que llaman segundo término». ¡Increíble, Juan Ramón, increíble!»

A los interesados en la histórica desavenencia les remito al número 72 de la revista «Indice» (Madrid, 28 de febrero de 1954), donde se recogen, *vingts ans après,* numerosos textos esclarecedores relacionados con el «inentendimiento» de ambos litigantes.

Sé que Jorge Guillén, amante siempre de la paz, guarda un limpio recuerdo y afecto a Juan Ramón Jiménez. Hacia su persona y su obra. Lo tiene bien demostrado. Aquel «escándalo» se simplifica hoy en papel de anécdotas. (Por el contrario, la polémica Juan Ramón Jiménez-Pablo Neruda, «posterior, aunque con raíces antiguas», iba a conservar unas semillas de rencor nunca atenuadas en el chileno.)

LA IMPUREZA Y LA SATIRA

Bastante se ha escrito de Jorge Guillén en relación con Paul Valéry. No hay que hablar de influencias —que son muy superficiales—, sino de acicates —profundos— del autor de *Charmes* en el autor de *Cántico*. El entusiasmo demostrado por Guillén, hasta el extremo de ser traductor de algunos de sus poemas —*Les grenades, Le cimetière marin, Le sylphe, La dormeuse*—, iba a contribuir a que empezara a ser llamado «el Valéry español». El asunto ya no es polémico. Biruté Ciplijauskaité y Concha Zardoya, entre otros, han estudiado con autoridad y detenidamente las diferencias entre ambos, despejando el camino para interpretación veraz. Guillén conoció a Valéry en París hacia 1920. El interés de los dos por la llamada poesía «pura» está muy marcado. En la «Carta a Fernando Vela», tan famosa, Guillén declara sus puntos de vista sobre la cuestión, cuyo sentido se fue desvirtuando hasta colgar etiqueta de «puro» al autor. Años más tarde, el poeta expresaría su disconformidad en son de burla:

> «¡Si yo no soy puro en nada,
> Y menos en poesía,
> Si ser hombre es todavía
> La flor de nuestra jornada!»

En otra página del mismo libro (*A la altura de las circunstancias*), insiste en rechazar la «pureza»:

> «¿Yo, puro? Nunca. ¡Por favor!
> La pureza para los ángeles
> Y, tal vez, el interlocutor.»

En *Homenaje*, se vuelve a definir de cara a la crítica:

> «¿Habrá lector? Ojalá.
> No me lee esa persona.
> ¡Bien está!
>
> A su ignorancia, feliz,
> Un crítico se abandona.
> ¡Gran desliz!
>
> Dice que es mi poesía
> Pura como la Madona.
> ¡Tontería!

> *...Que mi musa es de Helesponto,*
> *Que he nacido en Barcelona.*
> *¡Tonto, tonto!»*

Guillén es el primer poeta satírico español del siglo XX. En esta característica —que ya he señalado— de su variada obra no se ha insistido lo bastante. Y hay que detenerse más en ella.

El epigrama «es una especie de antilírica» que sobrevive en Europa y en América hasta Ezra Pound, E. E. Cummings, Jacques Prévert... En *Clamor* y, sobre todo, en *Homenaje*, abundan las piezas del duende epigramático guilleniano. Véase cómo el poeta de Valladolid satiriza al presunto escritor que mucho habla y nada produce:

> *«No se digna escribir. Su genio*
> *Se opone a la pluma en la diestra,*
> *Y conversando con ingenio*
> *Se aguanta la obra maestra.»*

Otras veces el sarcasmo va contra el majadero de turno:

> *«Perdón. ¿Qué es poesía?*
> *Pregunta el inocente a su maestro.*
> *—Soy poeta. No sé. Definición no guía*
> *Nuestro empeño más nuestro.*

Yo no soy en las fórmulas tan diestro
Que pueda responderte con finura.
¿Qué es poesía? dices.
Felices
Los profanos. Su gusto les procura
Soluciones. Quizá tu propia tía...»

contra el que duda taimadamente:

«—¿Es poeta o profesor?—
Preguntaba el malicioso,
Transparente de candor.
—¡Soy el gitano y el oso!»

contra el erudito que no deja ver el bosque:

«Erudito: ¿por qué me explotas?
¿Mis cielos se encuentran abajo,
Por entre esas nubes de notas?»

contra la homosexualidad:

«—¿Es quizá pederasta?
—No. Conozco sus gustos y su horario.
Llega nada más hasta
Sade. Sólo pederasta honorario.»

La imagen erótica se funde con la satírica:

«La mirada de admiración
En ese tan visible escote
Cae como carta en buzón.»

A la virginidad de una «doncellona» le dedica este «antiepitafio»:

> «*Impera al fin una alegría*
> *De virgen sobre aquel abdomen.*
> *Por do menos pecado había*
> *Ya la poseen, ya la comen.*
> *Clama el sepulcro: ¡Ya eres mía!*»

Jorge Guillén revaloriza el epigrama. Cuando las circunstancias lo favorezcan y llegue a España *Aire nuestro,* se demostrará —esto no es ninguna profecía— que sigue vigente el género. La corriente satírica puede medirse entre nosotros desde Marcial a Guillén.

GUILLÉN DE VIVA VOZ

Yo conocí personalmente a Jorge Guillén en Sevilla, la mañana del lunes 1 de mayo de 1967. La noche anterior entablé contacto telefónico con la habitación 209 del hotel La Rábida, y quedamos citados para el día siguiente.

¿Cómo es el autor de *Cántico* en persona? Yo daría aquí mi versión, fuertemente emocionado al rememorar aquel encuentro con el poeta, con ese mago deslumbrante que leemos y adoramos en la adolescencia y que siempre esperamos ver de cerca en su gozosa plenitud. Hay un verso suyo que dice: «Yo soy más que mis obras.»

El poeta llegó y se fue sin hacer ruido, en un aire de intimidad, ignorado por las tintas periodísticas, gloriosamente incógnito. Rara vez la imagen desbordada del hombre responde con nivel tan preclaro a la altura de su obra. Los días que pasamos juntos los fui condensando hasta el más mínimo detalle. Al llegar a mi casa, cogía bolígrafo y papel y lo registraba todo, sin imaginarme que tales apuntes figurarían en la corporeidad de este librito. (Siguiendo un método semejante, Juan Guerrero Ruiz, el «Primer Juanramoniano Español», año tras año (de 1913 a 1936), acumularía numerosísimos testimonios y confidencias de enorme interés en un diario que, después de su muerte, maduraría en el maravilloso fruto de su libro *Juan Ramón de viva voz.*) He aquí mi modesto dietario en honor del visitante excepcional.

Lunes, 1 de mayo.—Jorge Guillén me aguarda en una puerta del Archivo de Indias. Allí el poeta «alto, muy alto, como si hubiera crecido repentinamente», diría Aleixandre. Nos abrazamos. Con él, Irene, su esposa. Me pregunta en seguida por los amigos y por Angel María Yanguas, sobrino de Luis Cernuda, que es doctor ingeniero de Montes, a quien desea conocer. Es la fiesta del Artesano. En el palacio arzobispal, centenares de obreros se congregan, prosiguiendo la manifestación en la calle. Quince personas sufren detenciones, según informa la prensa local. Irene, Jorge y yo nos hacemos unas fotos con la Giralda al fondo. En la plaza de Santa Marta, los aficionados a la filatelia intercambian sus tesoros. Camino del barrio de Santa Cruz hay una calle que se llama Consuelo. A Irene le gusta ese nombre. En una esquina de Rodrigo Caro nos tropezamos con el gran hispanista francés Marcel Bataillon —autor de *Erasmo y España*—, que va acompañado por José de la Peña, director del Archivo de Indias. Unos minutos de charla y seguimos adentrándonos (los tres de un principio) en el popular barrio donde habita el poeta Antonio Aparicio —regresado del exilio hace unos tres años. Atravesamos rincones con nombres atrayentes: Elvira, Susona, Vida, Gloria, Pimienta, Agua... Nos metemos en uno, en dos, en tres patios. Guillén lo mira todo con curiosidad y entusiasmo, como si estuviera descubriendo lo nunca visto. Sus piernas son ágiles. Su voz es enérgica y apasionada. Es un fragante conversador. Surge el recuerdo de Miguel Romero Martínez, vecino del poeta durante los años que éste permaneciera en su cátedra de la universidad hispalense. (Miguel Romero Martínez era seis años mayor que Guillén. Doctor en Filosofía y Letras, había traducido a grandes poetas y escritores ingleses, franceses, alemanes, italianos, latinos y griegos. Destacan sus versiones de Leopardi, de los *Epigramas Eróticos* de Marcial, de Fontenelle *(La pluralidad de los mundos)*, de Shakespeare *(El Rey Lear)*. Romero Martínez era también muy aficionado a los estudios astronómicos y consta en documentos que en 1918 descubrió una estrella llamada «Nova Serpentis».) Guillén tiene preparadas unas traducciones de Leopardi y las dedica a su memoria. Cruzamos por delante de la casa donde murió (en 1933) Alejandro Collantes, poeta del grupo de la revista «Mediodía». Hay un sencillo azulejo en la fachada. Hablamos de Rafael Porlán, otro de los componentes de «Mediodía», a quien José Luis Cano incluye en su *Antología de poetas andaluces contemporáneos*. Visitamos el hospital de los Venerables, que atrae mucho turismo. Allí volvemos a encontrarnos con Bataillon y de la Peña. La charla se reanuda. Nos despedimos de ambos y continuamos el itinerario hacia la plaza de Santa Cruz, lugar de reposo de las cenizas de Murillo. El recorrido fue eminentemente pintoresco. Pero así lo quería el poeta. Irene, que es romana, no conocía la ciudad «que tanto se parece a Florencia», y había que enseñársela. Cogemos un taxi para retornar al hotel. Nos desviamos por la Puerta de Jerez. «Allí —señalo al pasar por el palacio de Yanduri— nació Vicente Aleixandre.»

Martes, 2 de mayo.—Nos vemos a las diez y media de la mañana. Guillén me ha dedicado unos libros y unas separatas. Entre ellos, *Cántico*. En la última página de cada volumen ha estampado una composición manuscrita. Me confiesa que estuvo leyendo por la noche mi libro de «Adonais», para luego pasar a referirme que la tarde anterior pasó unas horas en «Villa Guadalupe», donde vivió con Germaine, Teresa y Claudio. «Villa Guadalupe» estaba en la antigua Calle 16, hoy Cardenal Lluch, 56. Desde una ventana de aquella casa veía arar. El programa de esta jornada se cifraba en visitar la universidad que recogió su palabra y su ejemplo.

Nos metemos por la calle de las Sierpes, donde estuvo encerrado Cervantes y donde nació Adriano del Valle. En una confitería próxima acostumbraba a reunirse en otros tiempos con sus amigos y discípulos Guillén. Volvió por estas tierras en 1951 y en 1955. Desde que se jubiló en funciones docentes el año 1958, tiene más tiempo para escribir. Embebido en sus recuerdos, entra en la vetusta universidad. Ya no hay estudiantes en ella. Se quedó pequeña y sus aulas no responden a las necesidades modernas. En esta cátedra enseñó a los alumnos de Letras y a los del preparatorio de Derecho. El fundador, maese Rodrigo, desde el centro del patio principal, preside el desierto recinto. Pensamos ponerle una tarjeta a Juan Ruiz Peña, que escuchó allí sus lecciones, cuando «aquella clase era toda espíritu» bajo «la sombra esbelta del maestro». Irene nos hace unas fotografías. En una de las aulas que milagrosamente perduran intactas y que el poeta reconoce, penetramos. Recuerdos. Todo es un puro recuerdo, una emoción, un fuego que sube y baja del pecho a la garganta. El poeta se sitúa en la tarima, en su escenario de ayer. Yo me siento en el primer pupitre como un alumno de entonces devuelto al presente. Jorge Guillén, atónito surtidor de vida, dirigiéndose al único aprendiz de su taller de esplendores que tiene delante, silabea unos versos: «có-mo-se-pa-sa-la-vi-da-có-mo-se-vie-ne-la-muer-te-tan-ca-llan-do...». Su voz matiza con una fonética perfecta. Glosa, evoca a Machado:

> «*Tarde tranquila, casi*
> *con placidez de alma,*
> *para ser joven, para haberlo sido*
> *cuando Dios quiso, para*
> *tener algunas alegrías... lejos,*
> *y poder dulcemente recordarlas.*»

Fue una lección —las declaraciones espirituales de todo un clásico— que nunca se separará de mi pensamiento. A escasos metros de esta cátedra que fue suya está enterrado Bécquer. Hemos de marcharnos. Irene decide visitar el museo de Bellas Artes, mientras Jorge y yo nos encaminamos a la universidad nueva, donde aguardan al poeta. Tres alumnos de la Facultad de Derecho le cuentan que preparan un homenaje a Miguel Hernández. Guillén les explica que lo considera el último gran poeta generacional. Encuentros con Lojendio, con

Giménez Fernández, con Romero Gómez, cate-dráticos. Guillén se retira a descansar. Durante el trayecto hablamos de Claudio, de Teresa, de sus tres nietos, de que si algún poema suyo quedara —me dice—, el titulado «Más allá» (primero de *Cántico*) resumiría toda su poesía.

Miércoles, 3 de mayo.—Dirigiéndonos al Al-cázar, nos encontramos al viejo poeta Juan Sierra, que iba al oculista. En el Alcázar, su director-conservador, Joaquín Romero Murube, aguarda. Cruce de preguntas y respuestas. Gui-llén habla de Alberti con enorme cariño. Dice que ha engordado, que le dio unos dibujos, que es terriblemente español, que «parece un conce-jal republicano en tiempos de la monarquía», que «hubiera podido ser un gran crítico tauri-no». Damos una vuelta los cuatro —Irene, Jor-ge, Joaquín y yo— por el interior del palacio. Romero Murube, con un impresionante manojo de llaves, abre y cierra cuidadosamente cada puerta. Joaquín recuerda que a Pedro Salinas le gustaba mucho un poema de Amado Nervo dedicado a una antigua llave. Este que co-mienza:

> *«Esta llave cincelada*
> *que en un tiempo fue colgada*
> *(del estrado a la cancela,*
> *de la despensa al granero)*

> *del llavero*
> *de la abuela,*
> *y en continuo repicar*
> *inundaba de rumores*
> *los vetustos corredores;*
> *esta llave cincelada,*
> *si no cierra ni abre nada*
> *¿para qué la he de guardar?»*

Patio de la Montería. Puerta del León. Joaquín lleva una cámara tomavistas de ocho milímetros y nos enfoca. La cojo yo luego unos instantes y le hago posar con Jorge y con Irene. Patio de las Doncellas. Salones de Carlos V y de Embajadores. Los jardines. Junto al gran estanque, Guillén dice un pareado de su poema «Aquel jardín», escrito en América, que figura en la segunda parte de *Cántico:*

> *«¡Ay! Las dichas me darán*
> *Siempre este olor de arrayán».*

Para ser exactos, a nosotros nos lo transmitió con una significativa variante en el primer verso, fruto de la emoción no del descuido: «¡Ay! Las penas me darán / Siempre este olor de arrayán». Otro recuerdo: el de la primera lectura del *Llanto* lorquiano en una galería inmediata. «Lectura maravillosa fue la del *Llanto* en el Alcázar de Sevilla, una tarde, primavera del 35. Con el poeta y Sultán del Alcázar, Joaquín Romero y Murube, nos encontrábamos unos pocos amigos de Ignacio Sánchez Mejías. No podía faltar Pepín Bello, tan querido por todos nosotros, gran humorista en acción, hoy «retired humorist» como dice Chaplin en *Limelight*. Federico no comenzó la lectura hasta que llegó Claudio Guillén, «niño de Sevilla», dedicatoria de la canción «De las palomas oscuras». Hecho diminuto que pone de relieve la atención que siempre dispensaba el poeta a la niñez. Aquella elegía, aquella tarde, aquel jardín, aquellos amigos... ¡Y allí —privilegio sin par— yo, o sea, nosotros cuatro! Federico desenvolvió y matizó la lectura como un director de orquesta y pareció que al acabar dejaba la batuta con calma, tras un giro lento de resignación melancólica: «...una brisa triste por los olivos». (Son palabras de Jorge en su famosa semblanza de Federico.) También aquí se leyeron las primicias de *Doña Rosita la soltera*. El tomavistas de Joaquín no cesaba de funcionar. Se habla de Pepín Bello. Joaquín nos guía hasta el sitio predilecto de Cernuda en el Alcázar: junto a una fuente como arrodillada bajo una pequeña gruta, que «entre naranjos, limoneros, guarda el encanto de las aguas». Huele a malvarrosa, mirto, alhucema. Bajo la sugestión del canto de un mirlo, Irene evoca a Italia. Más tarde, Guillén, que tiene una prodigiosa memoria, firmaba para Romero Murube un libro con esta expresiva dedicatoria: «A Joaquín, tan fiel amigo en las horas difíciles y en las gratas.»

Jueves, 4 de mayo.—Guillén decide prorrogar su estancia hasta el sábado. Hoy Ramón Carande cumple ochenta años y los amigos van a reunirse por la tarde en torno suyo. (Carande está considerado como el principal historiador de la economía española —autor de *Carlos Quinto y sus banqueros*—, formado en el pensamiento de Francisco Giner de los Ríos.) Teníamos la mañana libre y nos dirigimos —el matrimonio y yo— a visitar el Palacio de las Dueñas, donde Antonio Machado vino al mundo. Nadie puede certificar en qué punto fijo, ni siquiera aproximado, de entre aquellos muros nació el poeta. ¿En qué alcoba, tras qué puerta? Ciertas transformaciones interiores del ámbito ducal parecen haber borrado toda pista. (Yo, que nací y habito junto al histórico lugar, he visto un grabado de la segunda mitad del XIX, muy curioso, donde aparece una galería con aposentos de la planta superior del edificio, con señales de estar ocupados por varias familias —tirando a modestas, a juzgar por el mobiliario—, seguramente en condición de subarriendo. Nada extraño, teniendo en cuenta que muchos caserones de la aristocracia fueron convertidos en corrales de vecinos u ofrecidos

—los menos— en alquiler provisionalmente, cuando la economía del ilustre patricio flaqueaba.) Al abandonar la cuna de Machado, pasamos por el convento de Santa Inés, rincón escogido por Bécquer para la leyenda del organista. Guillén recuerda que una vez escuchó allí la Misa del Gallo. Salta a la conversación el nombre de Alfredo Malo Zarco, amigo suyo y profesor mío de literatura, fallecido años atrás, hombre liberal, sencillo y con talento —a quien no puedo rememorar sin emoción y gratitud—, que me inició en el amoroso conocimiento de la obra guilleniana a través de su palabra y de los ensayos de Gullón y Blecua (Zaragoza, 1949), que me prestó y que luego no le devolví. Mientras el poeta se quedaba charlando en una cafetería con el erudito Santiago Montoto, Irene y yo nos fuimos a dar una vuelta por la Catedral.

Viernes, 5 de mayo.—Teníamos previsto un recorrido por el Museo Arqueológico. Amaneció lloviendo. La directora del museo, Conchita Fernández Chicarro, sirve de guía. Ante una preciosa figurilla fenicia de Astarté, exclama el poeta: «¡Qué antigua es la coquetería femenina!» Frente a los restos de unas estatutas descubiertas en Itálica observa que «vivimos entre los añicos del pasado». «¡Ay, si de nuestras poesías quedaran, como de las de Safo, solo los fragmentos!» El poeta se entusiasma con un mosaico que representa a Hilas sacando agua de una fuente, con Heracles y tres ninfas completando el conjunto. Promete hacer un poema inspirándose en el motivo. «En la leyenda de los argonautas hay datos sobre este episodio», advierte Conchita. Una de las salas está presidida por la colosal Venus de Itálica, «con su gracia sin fin, con su desnudo», como canta el poema recogido en ...*Que van a dar en la mar.*

> «*¡No, Pigmalión! Es mármol intocable*
> *Sin cesar más allá,*
> *Trasfigurado bulto inaccesible,*
> *Así ya tras-mujer*
> *Sin término de muerte,*
> *Y con la precisión de una materia,*
> *Bajo la luz de Itálica...*»

Esta Aphrodite Anadyoméne —de 2,11 metros— fue descubierta casualmente —el pezón derecho lo tenía a flor de tierra— el año que yo nací: 1940. Nueva sorpresa ante la cabecita de una muchacha hallada en las excavaciones de Mulva (Sevilla) y que se presume una representación de Hispania. El poeta declara entre sonrisas que su pelo, su peinado —modelo del año 79 antes de Cristo—, debiera ponerse de moda. La ciudadana de Mulva es parecida a una universitaria de nuestro tiempo, rubia y algo pecosa, que podría tener unos veinte años. «¿Veinte años o la estamos ofendiendo?», se pregunta el poeta, que posee un finísimo sentido del humor. Frente a la imponente estatua de Trajano —desnudo, heroico—, me dice en voz baja, para que no lo escuchen las señoras, una divertida ocurrencia erótico-satírica. Marchamos al hotel. Al atardecer, acudirán a verle varios amigos poetas, viejos y nuevos. Yo me excuso de asistir a la reunión. Cae una suave llovizna. Almuerzo en el hotel con el poeta. Después de la comida, Guillén acostumbra a fumar el primer cigarrillo de los cuatro o cinco que consume en el día. «No quiero manchar la mañana con el humo del tabaco. Se ve en esta frase que no soy verdadero fumador», dice. En la sobremesa hablamos de Pedro Salinas, del arte abstracto, de su viaje a Grecia en 1958. «Estuve en el monte Parnaso y bebí agua de la fuente Castalia.» (Hay un poema en *Homenaje* que lleva esta indicación: «Junto al monte Parnaso. 19-VII-1958»). Me descubre que en Montealegre (Valladolid) nacieron muchos de sus antepasados. «Allí hay Guillenes desde el siglo XV. En 1502 existía un hidalgo llamado Jorge Guillén, que bien pudo leer la segunda edición de *La Celestina*.» Pero el único que se ha revelado como poeta en su árbol genealógico ha sido él. A una observación mía acerca de los críticos que descubren influencias o parentescos literarios en todo escritor, me responde que si él hubiera nacido en Salamanca le habrían encontrado parecido con Meléndez Valdés. Y, sin embargo, siendo de tierras vallisoletanas no se asemeja con Zorrilla o con Núñez de Arce.

Sábado, 6 de mayo.—A las diez de la mañana, Irene y Jorge abandonaron Sevilla en el tren que los conduciría a Córdoba. Unicamente yo fui a despedirles. Una partida como esta deja cierto sabor de orfandad. Cuántas cosas, que me alegran o me entristecen, tengo que silenciar aquí. De Córdoba marcharían a Málaga, a respirar la brisa salada desde su casa del Paseo Marítimo, hasta la hora de embarcar rumbo a Estados Unidos. El 29 de mayo era la fecha de emprender el viaje. Y nosotros quedaríamos aguardando, aguardando... al poeta, al español que reside por otras latitudes, donde otros esperan también. Todos sabemos lo que esperan. En la lejanía un hombre siempre de viaje y unos versos diciéndonos su canción:

«*¿Dónde extraviarse, dónde?*
Mi centro es este punto:
Cualquiera. ¡Tan plenario
Siempre me aguarda el mundo!»

NUEVAS APROXIMACIONES

Jorge Guillén retorna a Sevilla en 1969. Es un viajero sin desmayo. A nosotros volvió con su jovialidad, su ironía, su humorismo, sus arrebatos, su entereza, su resistencia, su humanidad, su simpatía, su nostalgia, su condescendencia, su brillante conversación, su prodigiosa retentiva, su pasión por todo, su curiosidad universal. Cada hora, a cada instante, a cada paso, una vivencia que estrenar, un recuerdo que alumbra, una esperanza que se mantiene, una inquietud que se dispara, una sorpresa que interrumpe la respiración, un gozo que se ahonda, una luz que se reconquista, una pena que flota al vuelo de la evocación:

«¿Qué fue de aquellos días que cruzaron veloces,
Ay, por el corazón? Infatigable a ciegas,
Es él por fin quien gana. ¡Cuántos últimos goces!
¡Oh tiempo: con tu fuga mi corazón anegas!»

El poeta me escribió para que le reservara plaza en algún hotel, difícil en estas vísperas de las fiestas locales de primavera. (Conste que él no venía a ninguna fiesta.) Esta nueva visita dio motivo a los siguientes apuntes, garabateados cada jornada:

Domingo, 23 de marzo.—Jorge Guillén y su esposa llegaron a Sevilla a la una y veinticinco de la tarde, en un tren procedente de Málaga. Yo sólo les esperaba en el andén. Se hospedaron en un hotel paralelo a la muralla del Alcázar. Planta cuarta. Habitación 414. Almorzamos los tres juntos. Charlamos de muchas cosas. De los viajes en avión, por ejemplo. A Irene le asustan estos aparatos. A él, no. Pero me dijo: «¿Cómo subsistir allá arriba?» También hablamos del poeta Caballero Bonald, que hizo un viaje por Colombia en avión, porque prefería morir estrellado a que le cortaran la cabeza los guerrilleros. A las tres y media nos despedimos hasta el día siguiente. Estaban citados con Ramón Carande. Me fui al Alcázar para ver a Joaquín Romero Murube.

Lunes, 24 de marzo.—A las once y media de la mañana llego al hotel, donde me aguardan el poeta y su esposa. Nos dirigimos al Alcázar a saludar a Romero Murube, quien se hallaba con su traductora húngara madame La Granduille. Damos juntos un paseo por aquel «jardín que fue de don Pedro»:

> «*Como es primavera y cabe*
> *Toda aquí... Para que, libre*
> *La majestad del sol, vibre*
> *Celeste, pero ya suave,*
> *O para entrever la clave*
> *De una eternidad afín,*
> *El naranjo y el jazmín*
> *Con el agua y con el muro*
> *Funden lo vivo y lo puro:*
> *Las salas de este jardín.*»

Nos retratamos. Joaquín cuenta una anécdota muy graciosa sobre Dámaso Alonso, cuando vino a Sevilla a buscar en el archivo catedralicio manuscritos del poeta Francisco de Medrano para su discurso de ingreso en la Academia. Luego nos proyecta la corta película que le hizo a Guillén en 1967 con aquel tomavistas de ocho milímetros. Se habla de la guerra civil. Naturalmente, de la referida al fratricidio cometido por don Enrique en Montiel. Guillén alude a la entrañable y sostenida amistad entre los poetas de su generación. En su retiro provisional de Málaga sigue recibiendo cartas e incluso conferencias telefónicas de sus compañeros de ayer. Por encima de todo el afecto. Incorruptible.

Martes, 25 de marzo.—Guillén me telefonea a las cinco y media de la tarde y quedamos citados para el miércoles. Le anuncié que acababa de aparecer un libro de ensayos que le interesaría: *Pedro Salinas frente a la realidad,* de Olga Costa Viva. Prometí llevárselo a la mañana siguiente.

Miércoles, 26 de marzo.—Llovía intensamente y sin cesar. Once de la mañana. En el hotel. Con Guillén estaba José María Capote, que preparaba su tesis de licenciatura sobre Cernuda. Por supuesto, hablamos del autor de *La realidad y el deseo,* también de Juan Ramón Jiménez, de Emilio Prados, de Dámaso Alonso... Hubo sitio en la charla para Quasimodo y el Nobel, para Ungaretti y Montale. Surgen continuamente asuntos de ángulos jocosos. Guillén es un inteligente y elegante humorista, un extraordinario conversador que nunca falla una frase, que redondea la ironía y no pierde compás. Dialogar con él supone un generoso estímulo. Los temas tratados derivaron hacia Octavio Paz y Leopardi, los dactílicos y los trocaicos, los «ovnis», la Virgen de Fátima, los cosmonautas...

«—A la gente no le basta con la verdad. Tiene que inventarse cosas.»

En el hall, una limpiadora fregaba el suelo.

Guillén, al verla, dijo con la voz y el gesto conmovidos:

«—Dante no ha nacido para ella.»

Llega a la pequeña reunión el profesor Manuel Romero Gómez. Tomamos café. Irene baja y se acomoda entre nosotros. Una de la tarde. Fui el último en despedirme.

Jueves, 27 de marzo.—El joven pintor sevillano Francisco García Gómez y yo llegamos al hotel a las diez y media en punto de la mañana. García Gómez quería conocer y retratar al poeta, que accedió cordialmente. Además no iba a ser la primera vez en posar para un artista. (Uno de los que se adelantaron a pintarlo fue José Moreno Villa.) El poeta habla y habla mientras García Gómez va dibujando su cabeza, la cabeza de un bardo que «pudo haber nacido en el día primero; pudo nacer como un poeta de la China, hace mil doscientos años; podría nacer el día anterior a la extinción de la maravilla que nos rodea. Clásico, sí; clásico es en arte lo que responde a un anhelo o a un sentido permanente de la Humanidad.» Le hago una pregunta. «Eso de las barbas y las melenas es pintoresquismo burgués», me responde. «El que no habla, no lleva nada dentro», estima el maestro de la palabra (hablada y escrita). Salta de un tema a otro con pasmosa vivacidad men-

tal. El pintor emplea cuarenta minutos en hacer
el dibujo, que, por supuesto, le regala. Guillén
hace un irónico comentario sobre la obra, se ve
representado en ella con menos años y no qui-
siera pasar de la edad del retrato. Tomamos
café. El poeta, solo; yo, con leche. El dibujante
prefiere ginebra. Irene entra en el salón, nos
levantamos y salimos con ella, en el automóvil
de García Gómez, camino de una céntrica librería donde aguarda Ramón Carande. Hay un
atasco en la circulación y Guillén se impacienta,
pues nunca quiere ser impuntual a una cita.
Dice que tiene un poema inédito, que Alberti
celebró mucho, referido a los transeúntes me-
tidos en barullos de semáforos y coches. Llegamos a la librería y, siendo la hora de cerrar, el
grupo, capitaneado por Guillén y Carande, se
dirige a un bar. Por las calles nos tropezamos
con muchas chicas en minifalda.

> «¡Cómo en la calle tientas,
> Qué bien te expones!
> ¡Ay, pupilas hambrientas
> De los mirones!»

(Estos versos, con ritmo de seguidilla, no son
de un poeta andaluz, sino castellano. Del mis-
mísimo Jorge Guillén, en *Homenaje*.)

«—La minifalda es una transformación mayor que la del marxismo» —dice jocosamente

el poeta y añade algo, políticamente muy sustancioso, que tengo que reservarme por ahora.

En el bar, Jorge Guillén brinda, contagiándonos de su buen humor, de su optimismo, por la «edad moderna» (García Gómez y yo), por la «edad media» (Irene) y por la «edad antigua» (Carande y él).

Viernes, 28 de marzo.—Viernes de Dolores, según la liturgia. Día de hacer las maletas. Guillén, Irene y yo almorzamos juntos. El poeta está, como siempre, muy hablador, muy cordial. Me confiesa que el vocablo «literato» no le agrada y que debe destinarse a los aficionados a las letras, no a los escritores. (Creo que Ramón Gómez de la Serna opinaba algo parecido.) Le pregunto que si le gustan las corridas de toros (él vio torear a su amigo el matador sevillano Ignacio Sánchez Mejías en Santander, en agosto de 1934, pocos días antes de la tragedia de Manzanares) y me contesta que sí, pero que por residir fuera de España tiene escasísimas oportunidades de ver estos espectáculos. Dice que Rafael Lapesa jamás ha visto ninguno. Acerca del matrimonio, me cita una ingeniosa frase de Leone Traverso: «El matrimonio es una cosa tan seria que se debe pensar en ella toda la vida.» (Espero que el que me esté leyendo no se imagine que las conversaciones sostenidas con Jorge Guillén fueron triviales. No podían serlo, teniéndolo a él como interlocutor. Acháquese, en cambio, a mi torpeza o mi discreción. Como fragmentario reportaje humano y reflejo biográfico, acaso puedan merecer algún interés estos apuntes.) Al salir del restaurante, el estrépito de una motocicleta que pasa molesta al poeta. Recuerdo estos versos suyos:

«*Te haces odiar, motocicleta,*
Terrible aparato modesto,
Avispa —Vesubio— trompeta
Siempre en erupción: te detesto.»

El poeta y su esposa se marchan en el tren de las cinco en punto de la tarde para Málaga. Ramón Carande y yo los despedimos. El 24 de abril embarcarán en el «Cristóforo Colombo» rumbo a Estados Unidos. Otra vez con los pies —no los pensamientos— distanciados de la península. Ni siquiera Eneas viajó tanto.

EPISTOLARIO ABIERTO

Decía Pedro Salinas —autor de una larga «Defensa de la carta misiva y de la correspondencia epistolar»— que «la carta es, por lo menos, tan valioso invento como la rueda en el curso de la vida de la humanidad».

Jorge Guillén es un veterano escritor de cartas. Yo conservo un grueso epistolario suyo. Todas sus cartas —lo señalé en el primer capítulo— vienen manuscritas, ninguna pasada a máquina. «La mano, cuando escribimos, comunica lo que se es con lo que se dice.» Es asombroso comprobar cómo los rasgos de su grafía, a la altura de sus ochenta años de edad, se mantienen enérgicos, seguros, proporcionados, jóvenes. No hay contrastes muy definidos de senectud.

Las cartas de Jorge Guillén, en manos de un buen grafólogo, ofrecerían un interesante retrato sicológico, un documento comprobatorio de sus resistencias vitales.

Como está demostrado, la genialidad se refleja en la escritura. Estudios de esta índole reafirmaron la de un Ricardo Wagner, un Cervantes o un Picasso.

Pienso en Juan Ramón Jiménez, que tenía proyectado recoger sus cartas en el penúltimo volumen de su obra definitiva. Una primera selección de las mismas se publicó en Madrid en 1962, que no deja de constituir un gran aparato de consulta para penetrar en el caudaloso y complejo mundo íntimo del firmante.

La correspondencia de Jorge Guillén —ocasión habrá de poner muchas cartas boca arriba— tiene un incalculable valor literario y humano.

> *«¡Intima carta! Me abandono,*
> *Me doy. ¿Por completo? No importa.*
> *Placer de intimidad: su tono.»*

En *Homenaje* hay una décima —inspirada con buen humor y amistad— que se titula «Querido Guillén», donde el poeta le dedica un cariñoso reproche a José María Valverde por el encabezamiento de la carta que de él recibe:

> *«Por Dios, no me llame "Guillén".*
> *Me disgusta ese vocativo.*
> *Directamente no convivo*
> *Si no dice "Jorge" también.*

"Don Jorge" entona con mi sien,
Sien de cierta edad y sus canas,
Aunque "Jorge" por las mañanas
Todavía me corresponde.
Como sea, lléveme adonde
Nuestras almas estén cercanas.»

Transcribo a continuación tres muestras epistolares suyas. Las tres escritas el mismo año —1926— a tres amigos diferentes: Gabriel Miró, Fernando Vela y Federico García Lorca.

CARTA A GABRIEL MIRÓ

Murcia, 12 de febrero de 1926

Querido don Gabriel:

Tenía usted razón. Murcia es una ciudad muy hermosa. Tiene bellezas poco ilustres, apenas catalogadas; bellezas modestas, tanto más finas.

Pero, por Dios, no voy a cometer el sacrílego absurdo de describirle a usted esta tierra. A usted, que la ha inventado.

Yo estoy muy contento. Dispuesto a gozar de una favorable soledad. Una excepción: el maravilloso Juan Guerrero, perfecto de finura, de tacto, de suavidades, de dominios municipales y espirituales, de inteligencia. (Tengo a la vista un piso muy bueno.) ¿Cuándo viene usted? A propósito. El rector me ha indicado que invite, en nombre de la Universidad, a alguna personalidad forastera, a dar una o dos conferencias en la temporada de primavera, antes del 20 de mayo, claro. (Otros profesores designan otros conferenciantes.) Condiciones: misérrimas. ¡Pero sería tan grato que usted hablase *en la Universidad murciana! Condiciones: viajes pagados, 75 pesetas de estancia diaria y 30 pesetas por conferencia. Pero la miseria se atenúa poniendo las conferencias en un fondo de seis o siete días. Sería precioso que usted, el Inventor de estos mundos, los consagrase con su presencia profesoral.*

Salude a todos los suyos, madre, esposa, hijas y nieto. Y un abrazo de su muy devoto, aunque catedrático, que tanto le quiere siempre, siempre, aunque catedrático,

JORGE GUILLÉN.

CARTA A FERNANDO VELA

Valladolid, Viernes Santo, 1926

Mi querido Vela:

¡Viernes Santo! ¿Cómo hablar de poesía pura, en este día, sin énfasis? Porque lo de puro, tan ambiguo, con tantas resonancias morales, empuja ya al énfasis, a la confusión y a poner en la pureza todos los «Encantos de Viernes Santo», como ha dicho el abate Brémond, cuyo punto de vista no puede ser más opuesto al de cualquier «poesía pura», como me decía hace pocas semanas el propio Valéry. Brémond ha sido y es útil: representa la apologética popular, una como catequística poética para el domingo por la mañana. Y su discurso es un sermón. Pero, ¡qué lejos está todo ese misticismo, con su fantasma metafísico e inefable, de la poesía pura, según Poe, Valéry o según los jóvenes de allí o de aquí! Brémond habla de la poesía en el poeta, de un estado poético, y eso ya es mala señal. No, no. No hay más poesía que la realizada en el poema, y de ningún modo puede oponerse al poema un «estado» inefable que se corrompe al realizarse y que por milagro atraviesa el cuerpo poemático: lo que el buen abate llama confusamente «ritmos, imágenes, ideas», etc. Poesía pura es matemática y es química —y nada más—, en el buen sentido de esa expresión lanzada por Valéry, y que han hecho suya algunos jóvenes, matemáticos o químicos, entendiéndola de modo muy diferente, pero siempre dentro de esa dirección inicial y fundamental. El mismo Valéry me lo repetía, una vez más, cierta mañana en la rue de Villejust. Poesía pura es todo lo que permanece en el poema después de haber eliminado todo lo que no es poesía. Pura es igual a simple, químicamente. Lo cual implica, pues, una definición esencial, y aquí surgen las variaciones. Puede ser este concepto aplicable a la poesía ya hecha, y cabría una historia de la poesía española, determinando la cantidad —y, por tanto, la naturaleza— de elementos simples poéticos que haya en esas enormes compilaciones heterogéneas del pasado. Es el propósito que guía, por ejemplo, a un Gerardo Diego —y a mí también—. Pero cabe asimismo la fabricación —la creación— de un poema compuesto únicamente de elementos poéticos en todo el rigor del análisis: poesía poética, poesía pura — poesía simple prefiero yo, para evitar los equívocos del abate—. Es lo que se propone, por ejemplo, nuestro amigo Gerardo Diego en sus obras creacionistas. Como a lo puro lo llama simple, me decido resueltamente por la poesía compuesta, compleja, por el poema con poesía y otras cosas humanas. En suma, una «poesía bastante pura», ma non troppo, si se toma como

unidad de comparación el elemento simple en todo su inhumano o sobrehumano rigor posible, teórico. Prácticamente, con referencia a la poesía realista, o con fines sentimentales, ideológicos, morales, corriente en el mercado, esta «poesía bastante pura» resulta todavía, ¡ay!, demasiado inhumana, demasiado irrespirable y demasiado aburrida. Pero no terminaría nunca. Aquí lo dejo.
    Su amigo

                            JORGE GUILLÉN.

CARTA A FEDERICO GARCÍA LORCA

Valladolid, 1 de setiembre de 1926

Mi muy querido Federico:

Todo es en ti extraordinario. ¡Hasta escribes cartas, muchas cartas! ¡Dios te lo pague! Siempre son para mí —ya lo sabes— una gran alegría. Alegría. Tu última es rotunda: quieres ser profesor de literatura. Me parece de perlas. ¿Por qué no? En cambio, hay muchos «porque sí». A ello. ¿Cómo? Es largo, es sobre todo prolijo de explicar siempre un camino. Ante todo, ¿tienes aprobadas todas las asignaturas necesarias? Si algún cabo suelto colgara todavía, apresúrate a atarlo. Y luego, pues… Pues ¡qué sé yo! Leer textos, leer autores. Lo malo es que eso no basta. Es necesario tomar notas de las lecturas. Y además, leer a los historiadores y eruditos que han hablado de esos textos y resumirlos en notas también. (No digo «críticos», porque apenas si se ha hecho crítica sobre la literatura vieja, por lo menos que a uno le sirva. Hay que ir haciéndose la crítica. Por eso, las notas pri-

*mero.) Todo ello exige, pues, un acto previo:
la compra de un instrumento. Instrumento in-
dispensable, aunque parezca pedantesco, y en-
gorroso, y lejanísimo de las fuentes propias.
¡Hay que empezar por comprarse un* fichero!
*UN FICHERO. Este preámbulo práctico produ-
cirá una gran impresión a tu familia. ¡Ha em-
pezado un fichero! ¡Y papeletas! Es decir, que
a todas luces vas a trabajar en serio. Esto de
trabajar en serio comporta fatalmente su dosis
de farsantería y su dosis de pedantería. No
hay más remedio. ¡Hay que ponerse a trabajar
en serio! ¡Lo que te vas a reír y a divertir! Son
otros muñecos de cachiporra. Pero de todo eso
yo apenas sé jota. Pregunta, consulta a Salinas.
Con Salinas pasé en Burgos tres días, maravi-
llosos, claro. ¡Qué amigo! Cada día se le quiere
más. (Y se le admira.) Pronto se marchará de
Burgos e irá a Alicante. (La dirección de Burgos, hasta el 8 o el 10 de este mes: Plaza de la
Libertad, 5. Simplemente: Instituto de 2.ª Ense-
ñanza.)*

*Yo estaré en Murcia, «Dios mediante», el 20.
Aquí hemos pasado el verano abrasándonos. Los
pequeños, preciosos. Teresina te recuerda siempre. A veces parece que te imita. ¿Cómo no iba
a recordarte yo cuando oí lo siguiente?: —¿Por
qué has sido mala ayer? (Se encogió de hom-
bros. No sabía por qué.) Sí, ayer fuiste muy
mala, muy mala. ¿Por qué? (Y entonces encontró la razón.) —Porque me dolía el zapato
blanco... ¡Porque me dolía el zapato blanco!
Y yo dije en seguida. ¡Si parece de un poema
de Federico! Se lo contaré.*

*Y eso he hecho. Entretanto han ido cuajando
algunos versos nuevos. Entre otros, éstos.*

La última décima:

    Yo vi la rosa: clausura...

Otro poema:

    Cuando el espacio, sin afán, resume...

Y un romance:

    La acumulación triunfal...

Ahora me quedo con las ganas —*más vivas que nunca*— *de versos tuyos. Ya sabes que* me gustan mucho. *Mándame algunos, por ejemplo, algún romance de los nuevos. ¡Ah! Claro que me entusiasma —así «me entusiasma»— la idea de que me dirijas una epístola de la importancia de la oda a Dalí. Muy bien, muy bien: hazlo, sí, sí, sí. Prometido.*

Escríbeme pronto. (Antes del 16, ¡porque el 20 examino!) Germaine, Teresina y Claudie te saludan afectuosamente. Muchos abrazos míos. Tuyo siempre —en espera de carta con versos—

JORGE

APÉNDICE GENEALÓGICO

Vicente Hidalgo, cura de Montealegre (Valladolid), investigando en el archivo de su parroquia, reconstruyó en la primavera de 1973 el árbol genealógico de Jorge Guillén. El poeta me remitió una fotocopia del mismo, diciéndome: «De Jorge Guillén, 1502, se desciende por línea directa de varón a Jorge Guillén, 1893, generación número 15. ¡Asombroso!»

El estudio del señor Hidalgo —que desconozco— permanece inédito hasta la fecha. Previamente autorizado, me limito, por tanto, a transcribir, sin detalles accesorios —que no son de mi incumbencia—, el curioso documento.

ARBOL GENEALÓGICO (línea paterna)
de
JORGE GUILLÉN

1921.	15.	Jorge Guillén - Germaine Cahen
1892.	14.	Julio Guillén - Esperanza Alvarez
1866.	13.	Patricio Guillén - Isidra Sáenz n. 1839
1837.	12.	Deogracias Guillén - Francisca Martín
1804.	11.	Manuel Guillén - Tomasa Baquero
1780.	10.	Francisco Guillén - Manuela Polo
1742.	9.	Alonso Guillén - María Jill
1714.	8.	Mateo Guillén - Isabel Calbo
1690. (?)	7.	Alonso Guillén - Agustina García n. 1668
1663.	6.	Antonio Guillén - Isabel Martín
1638.	5.	Martín Guillén - Joana Palacios n. 1612
1600-3.	4.	Alonso Guillén - Francisca Serrano n. 1579
	3.	Alonso Guillén - Isabel Martín
	2.	Alonso Guillén - Catalina Ponce
	1.	Jorge Guillén - Teresa Ortiz n. 1502

ANTOLOGÍA

ANTOLOGIA

Dadas las características de este volumen, selecciono poemas poco extensos y preferentemente los menos conocidos.

La procedencia de cada uno es la que sigue:

«Vida urbana», «Vaso de agua», «Riachuelo con lavanderas» (de *Cántico*).

«...Que no», «Los intranquilos», «Los hijos» (de *Clamor. Maremágnum*).

«Alba del cansado», «Patio de San Gregorio» (de *Clamor ...Que van a dar en la mar*).

«Trágico, no absurdo», «Vida cotidiana» (de *Clamor. A la altura de las circunstancias*).

«Al margen de Sade», «12 de Octubre», «Juan Ruiz», «Guerra civil», «Ultramadrigal», «De lector en lector», «Cremación», «Adiós», «Obra completa» (de *Homenaje*).

«Innúmeras son ya las vidas truncas», «Sobre la arena de la playa esplenden...» (de *Guirnalda civil*).

Los fragmentos de su prosa pertenecen a un texto recogido en *Lenguaje y poesía*.

VIDA URBANA

Calles, un jardín.
Césped — y sus muertos.
Morir, no, vivir.
¡Qué urbano lo eterno!

Losa vertical,
Nombres de los otros.
La inmortalidad
Preserva su otoño.

¿Y aquella aflicción?
Nada sabe el césped
De ningún adiós.
¿Dónde está la muerte?

Hervor de ciudad
En torno a las tumbas.
Una misma paz
Se cierne difusa.

Juntos, a través
Ya de un solo olvido,
Quedan en tropel
Los muertos, los vivos.

VIDA URBANA

VASO DE AGUA

No es mi sed, no son mis labios
Quienes se placen en esa
Frescura, ni con resabios
De museo se embelesa
Mi visión de tal aplomo:
Líquido volumen como
Cristal que fuese aún más terso.
Vista y fe son a la vez
Quienes te ven, sencillez
Ultima del universo.

RIACHUELO CON LAVANDERAS

Los juncos flotan en el riachuelo,
Que los aguza sobre su corriente,
Balanceados como si avanzasen.

No avanzan. Allí están acompañando,
Verdeamarillos hacia el horizonte,
El rumor de una orilla laboriosa.
  En la masa del agua ya azulada
  Chascan las ropas, de creciente peso
  Bajo aquel ya raudal de un vocerío.

¡Oh riachuelo con flotantes grises
Por el verdor en curso que azulándose
También se esfuerza, todavía alegre!

Rasgueos de cepillos, dicharachos,
Ancha sobre algazara la mañana.
Acierta así la orilla, femenina.
  ¿Se vive arrodillado en las riberas?
  Inclinación forzosa de figura...
  Ese borde está ahí. ¿Tormento el mundo?

Fluvial apenas hacia un oleaje,
Chispeando, sonando, trabajando,
El riachuelo es más: hay más mañana.

...QUE NO

Edificios y gentes, la premura, la calma,
La arista de la esquina, todo está asegurado.
Negociantes colmenas, de vidriados alvéolos
En grises muros lisos como láminas límpidas,
Vertical de un vigor sin vértigo suspenso,
Todo está asegurado contra el mal y sus duendes.
Los cruces en que el tiempo palpita, verde o rojo,
Dóciles peatones, coches entre rumores,
Todo está asegurado. Y... ¿quién es el hostil?
(Grupos de silenciosos en lóbregas tabernas
Miran y escuchan raudos movimientos de imágenes.)
A los negros sonoros con una voz caliente
De niño envejecido que sonríe temiendo,
A las mujeres, fausto de rubias clamorosas
Donde el cabello es júbilo que la piel abalanza,
A toda la ciudad, a su carne y su piedra,
¿Quién está amenazando mientras promete glorias
De jardín en retiros de cielos asequibles?
(Tensión de una riqueza por la tensión de todos.
Triunfa una voluntad ilimitada siempre.)
Pero ¿será posible? Atómicos suicidas,
Más aseguradores, quisieran arrojarse
Desde el último piso de la Mansión al suelo.
—Posible sí sería. —...Que no. —Tal vez. —¡No, no!

LOS INTRANQUILOS

Somos los hombres intranquilos
         En sociedad.
Ganamos, gozamos, volamos.
         ¡Qué malestar!

El mañana asoma entre nubes
         De un cielo turbio
Con alas de arcángeles-átomos
         Como un anuncio.

Estamos siempre a la merced
         De una cruzada.
Por nuestras venas corre sangre
         De catarata.

Así vivimos sin saber
         Si el aire es nuestro.
Quizá muramos en la calle,
         Quizá en el lecho.

Somos entre tanto felices.
         Seven o'clock.
Todo es bar y delicia oscura.
         ¡Televisión!

LOS HIJOS

Después de aquellos desfiles
Alardeados en aire
Jovial de sol y victoria
Con gallardetes y sables,
Por avenidas y plazas
Van sin desfilar —no es tarde
Nunca para convivir
De veras— los más joviales,
Esparcidos o agrupados
En una ilusión que nace
Sobre las desilusiones
Con vertical implacable.
Un relámpago, de pronto,
Convierte el silencio en trance
De rumor que es choque y lucha.
Las esperanzas combaten
A los solemnes embustes,
Y puños de mocedades
Esgrimen Historia clara
Que ilumina porque arde.
Resistiendo están las fuerzas
Forzadas. Se ve la sangre.
Entre tumultos se yerguen
Estaturas de estudiantes.

ALBA DEL CANSADO

Un día más. Y cansancio.
O peor, vejez.

                      Tan viejo
Soy que yo, yo vi pintar
En las paredes y el techo
De la cueva de Altamira.
No hay duda, bien lo recuerdo.
¿Cuántos años he vivido?
No lo sabe ni mi espejo.
¡Sí sólo fuese en mi rostro
Donde me trabaja el viento!
A cada sol más se ahondan
Hacia el alma desde el cuerpo
Los minutos de un cansancio
Que yo como siglos cuento.
Temprano me desperté.
Aun bajo la luz, el peso
De las últimas miserias
Oprime.

              ¡No! No me entrego.

Despacio despunta el alba
Con fatiga en su entrecejo,
Y levantándose, débil,
Se tiende hacia mi desvelo:
Esta confusa desgana
Que desemboca a un desierto
Donde la extensión de arena
No es más que cansancio lento.
Con una monotonía
De tiempo inmerso en mi tiempo,
El que yo arrastro y me arrastra,
El que en mis huesos padezco.
Verdad que abruma el embrollo
De los necios y soberbios,
Allá abajo removidos
Por el mal, allá misterio,
Sólo tal vez errabundos
Torpes sobre sus senderos
Extraviados entre pliegues
De repliegues, y tan lejos
Que atrás me dejan profunda
Vejez.

    ¡No! No la merezco.
Día que empieza sin brío,
Alba con grises de Enero,
Cansancio como vejez
Que me centuplica el tedio...
Tedio ¿final? Me remuerde
La conciencia, me avergüenzo.
Los prodigios de este mundo
Siguen en pie, siempre nuevos,
Y por fortuna a vivir
Me obligan también.

      Acepto.

PATIO DE SAN GREGORIO

(Valladolid)

¡Feliz infancia difícil!
Afanes, estudios, juegos
Se alzaban entre columnas
Retorcidas con esmero.
Visible apenas, la Historia
—Tan activa desde dentro—
No se mostraba a los ojos
Sino como un ornamento.
Y sin pompa, sin discurso
Nos calaba hasta los huesos
—Entre lises no advertidos—
Algo hermoso de otro tiempo
Que fue ilustre: galerías
Ahora con soles trémulos
En penumbras recortadas
Por unos arcos abiertos
Hacia mi necesidad
De admiración. Gran maestro
—Claramente persuasivo—
De bellezas y conciertos,
El patio de San Gregorio
Con tensión de noble esfuerzo
Me alzaba hacia un mundo noble.
¡Posible su advenimiento!

TRÁGICO, NO ABSURDO

(Albert Camus)

I

El coche va corriendo, sutilmente veloz,
Hacia una meta
            —¿meta?—

                        que lo aspira y fascina
—Cuidado—
            sin cesar.
                        La ruta es una hoz
—Cuidado con el filo— de amenaza muy fina.

II

¡Cuerpo veloz!
            De pronto
                        —¿suerte ciega?—

                                    lo absorbe
Todo un soplo mortal. ¿Absurdo, falso el orbe?

III

La física ajustaba las ruedas al camino.
Guiaba el conductor según su pensamiento.
Se sumían las cosas en afán violento.
Un error. Ay, la ley. Ni milagro ni sino.

VIDA COTIDIANA

¡Vida sin cesar cotidiana!
Así lo eres por fortuna,
Y entre un renacer y un morir
Día a día te das y alumbras
Lunes, martes, miércoles, jueves
Y viernes y...
                    Todos ayudan
A quien va a través de las horas
Problemáticas, pero juntas
En continuidad de rosario.
¡Dominio precario!
                    Se lucha
Por asentar los pies en Tierra,
Por ser punto real de la curva
Que hacia los espacios arrastra
Nuestra ambición de criaturas,
Anhelantes de hallar contacto
Con los relieves, las arrugas
De la realidad inmediata,
Por eso difícil y dura,
Dura de su propio vigor,
Que mis manos al fin subyugan
De costumbre en costumbre.
                    ¡Vida
Tan cotidiana! Sin disculpa.

AL MARGEN DE SADE

EL HOBRE COMO DEMIURGO PÉSIMO

«Escucha al relámpago, grito
Silencioso del Infinito...»
¿Retórica? De tempestad,
Cruel y rimbombante como el marqués de Sade.

Ay, Justina, Justina, siempre desventurada
De tanto no sufrir porque nunca eres nada,
Sólo un muñeco atroz de trapos, un pelele.
Como existir no logras, el dolor no te duele,
Ese dolor que todos quisieran infligirte.
Sin cesar irreal, viajas de sirte en sirte
Frente al ansia y la rabia de tu pobre Marqués.
Torturando está a un mundo tan débil que no es.
¿Destroza? No. Ni crea. Se le escapa la arcilla
De realidad. No sale del vacío —Bastilla
Donde sólo reside la más abstracta mente,
Que Mal y Destrucción asume idealmente.
La crueldad y el odio son fuerzas verdaderas.
Para el rival de Dios refulgen como hogueras
De su divino infierno. Mucho tienta la nada.
¿Justina destruida? Justina al fin salvada.

Veinte bombas de hidrógeno, Marqués, yo te regalo.
¿Te atreverás a ser el dios menor, el malo?

12 DE OCTUBRE

Dell'affannosa grandiosità spagnola

CARDUCCI

España quiso demasiado

NIETZSCHE

—Esa España que quiso demasiado
Con grandeza afanosa y tuvo y supo
Perderlo todo, ¿se salvó a sí misma?
—De su grandeza queda en las memorias
Un hueco resonante de Escoriales,
De altivos Absolutos a pie firme.
—No, no. Más hay. Desbarra el plañidero.
Hubo ardor. ¿Hoy cenizas? Una brasa.
Arde bien. Arde siempre.

JUAN RUIZ

¿Quién sería aquel hombre que se llamó Juan Ruiz?
Arbol, sólo revela su raíz,
El arranque —sin par— de un ignoto poder.
Su vida es una equis. ¡A leer!

Nos queda nada más el ímpetu que mueve,
Que movió aquel vivir y lo más leve,
Rasgos en escritura. Gracia, sabiduría:
Se saborea tal decir hoy día.

¿Escarmiento de fábula se junta a buen consejo?
Juan Ruiz es joven. Su lector, el viejo.
Entre tantas sentencias ágil y siempre amigo,
Sonríe como al sol de junio el trigo.

Vale por una hazaña mantener tal mesura
Si el impulso gozoso irrumpe y dura
Con alegría tierna, con amor delicado.
El arte de vivir ya vence al hado.

Todo el libro conduce sin cesar hacia un hombre.
Juan Ruiz es algo más que el hueco de ese nombre.
¡Tan persona se afirma! No me consolaré
De nunca haber tomado con aquel Ruiz café.

GUERRA CIVIL

El rey Don Pedro sale de Montiel.
Noche de la emboscada.
Y ya en el campamento de los otros,
Al rey —lo es aún—
Se le priva por fuerza del caballo.

Sin freno el frenesí de poderío,
Unos con otros luchan y se engañan
Arrojando avideces y traiciones
Con una violencia sin pretextos:
Ni Dios ni la razón ni la justicia.

Ya ha acudido el hermano Don Enrique,
Y con todas sus armas. ¿Quién, Don Pedro?
Muy poco hermano. Ni le reconoce.
—«Mirad vuestro enemigo». ¿Lo es por odio?
Odio civil: deseo de poder.

«—¿Don Pedro? — Yo lo soy.»
Abstracto el enemigo.
Con su daga acomete Don Enrique.
Don Pedro expira... bajo el nuevo rey.
Guerra civil perfecta: fratricidio.

ULTRAMADRIGAL

«Boca de fresa.» ¿Una boca-fresa? Mirad: sí, fresa.
¡Horrible! «Mano de nieve.» Con blancura,
temperatura, calidad de nieve. ¡Horrible!

¡Oh labios como labios, tan únicos: tu boca!
Y esa mano, que es sólo para seducirme su perfecta
plenitud de mano. ¡Tu mano!

DE LECTOR EN LECTOR

Pour qui écrit-on?

SARTRE

Con el esteta no invoco
«A la inmensa minoría»,
Ni llamo con el ingenuo
«A la inmensa mayoría.»
Mi pluma sobre el papel
Tiene ante sí compañía.

Me dirijo a ti, lector,
Hombre con toda tu hombría,
Que sabes leer y lees
A tus horas poesía.
Buena para ti la suerte.
¡Si fuese buena la mía!

Yo como el diestro en la plaza
Brindo.
        «Brindo por usía
Y
Por toda la compañía»
Posible.

CREMACIÓN

¿Cremación de mi cadáver?
Qué espanto: suicidio póstumo.
Por mí no me moriré.
Me morirán — aunque opongo
Mi lanza al Dragón, que yo
No he de vencer como el Otro.
Auto de fe, no, jamás
Doctor Cazalla retórico.
Ni yo seré mi cadáver
Ni mi propio abismo afronto.

ADIOS

Adiós. Las manos. Y siento
Que la vida se nos va
Con más apresuramiento
Por una corriente ya
De curso más violento.

OBRA COMPLETA

Siempre he querido concluir mi obra,
Y sucediendo está que la concluyo.
Lo mejor de la vida mía es suyo.
¿Hay tiempo aún de más? Papel no sobra.

Al lograr mi propósito me siento
Triste, muy triste. Soy superviviente,
Aunque sin pausa mane aún la fuente,
Y yo responda al sol con nuevo aliento.

¡Dure yo más! La obra sí se acaba.
Ay, con más versos se alzaría obesa.
Mi corazón murmura: cesa, cesa.
La pluma será así más firme y brava.

Como a todos a mí también me digo:
Límite necesario nos defina.
Es atroz que el minero muera en mina.
Acompáñeme luz que abarque trigo.

Este sol inflexible de meseta
Nos sume en la verdad del aire puro.
Hemos llegado al fin y yo inauguro,
Triste, mi paz: la obra está completa.

INNÚMERAS SON YA LAS VIDAS TRUNCAS...

Innúmeras son ya las vidas truncas.
Cadáveres sepultos no se sabe
Dónde: no hay cementerios de vencidos.
Gente medio enterrada en sus prisiones.
Algunos huyen, otros se destierran
Para no perecer de propia cólera.

Pero entre tantas muertes y catástrofes
Algo subsiste sin cesar feroz,
El más feroz de todos los poderes:
Vida, vida sin fin.

                    Y poco a poco,
Y sin cesar, inexorablemente
Se reanudan las formas cotidianas,
Se inventan soluciones.
La vida es implacable.

SOBRE LA ARENA DE LA PLAYA ESPLENDEN...

Sobre la arena de la playa esplenden
Los cuerpos femeninos.
Se construye a compás acelerado.
¿Todo es materia próspera?
No basta.
En ese cielo hay Dios.

Ah, pero los negocios...

¿Y los hijos de Dios, hombre tras hombre?
¿Todo es aquí materia?
Un pueblo soñoliento se somete
Sin fe,
Rendido, soñoliento.
Todo va a ser más falso.

Ah, pero los negocios...

Bajo el ruido se ahondan los silencios.
Late aún, late, libre,
En potencia futura la Esperanza,
Impetu sin cesar hacia su atmósfera:
Aire claro del hombre,
Que jamás desespera.

UNA GENERACION

(fragmentos)

¿Poesía pura? Aquella idea platónica no admitía realización en cuerpo concreto. Entre nosotros nadie soñó con tal pureza, nadie la deseó, ni siquiera el autor de *Cántico*, libro que negativamente se define como un anti-*Charmes*. Valéry, leído y releído con gran devoción por el poeta castellano, era un modelo de ejemplar altura en el asunto y de ejemplar rigor en el estilo a la luz de una conciencia poética. Acorde al linaje de Poe, Valéry no creía o creía apenas en la inspiración —con la que siempre contaban estos poetas españoles: *musa* para unos, *ángel* para otros, *duende* para Lorca. Esos nombres diurnos o nocturnos, casi celestes o casi infernales, designaban para Lorca el poder que actúa en los poetas sin necesidad de trance místico. Poder ajeno a la razón y a la voluntad, proveedor de esos profundos elementos imprevistos que son la gracia del poema. Gracia, encanto, hechizo, el no sé qué y no «charme» fabricado. A Valéry le gustaba con placer un poco perverso discurrir sobre «la fabricación de la poesía». Esas palabras habrían sonado en los oídos de aquellos españoles como lo que son: como una blasfemia. «Crear», término del orgullo, «componer», sobrio término profesional, no implican fabricación. Valéry fue ante todo un poeta inspirado. Quien lo es tiene siempre cosas que decir. T. S. Eliot, gran crítico ya en los años 20, lo ha dilucidado más tarde con su habitual sensatez: «Poets have other interests beside poetry —otherwise their poetry would be very empty: they are poets because their dominant interest has been in turning their experience and their thought... into poetry». El formalismo hueco o casi hueco es un monstruo inventado por el lector incompetente o sólo se aplica a escritores incompetentes.

Si hay poesía, tendrá que ser humana. ¿Y cómo podría no serlo? Poesía inhumana o sobrehumana quizás ha existido. Pero un poema «deshumano» constituye una imposibilidad física y metafísica, y la fórmula «deshumanización del arte», acuñada por nuestro gran pensador Ortega y Gasset, sonó equívoca. «Deshumanización» es concepto inadmisible, y los poetas de los años 20 podrían haberse querellado ante los Tribunales de Justicia a causa de los daños y perjuicios que el uso y abuso de aquel novedoso vocablo les infirió como supuesta clave para interpretar aquella poesía. Clave o llave que no abría ninguna obra. Habiendo analizado y reflejado nuestro tiempo con tanta profundidad, no convenció esta vez Ortega, y eso que se hallaba tan sumergido en aquel ambiente de artes, letras, filosofías. No ha de olvidarse —porque en el olvido habría ingratitud— la ayuda generosa que Ortega prestó a los jóvenes desde su *Revista de Occidente*. En una de sus colecciones —*Nova Novorum*—

fueron publicados cuatro libros: *Romancero gitano,*
Cántico, Seguro azar, Cal y canto. Es placentero —y
melancólico— recordar aquellos años en que la *Re-*
vista de Occidente, según nuestro amigo Henri Peyre,
formaba con *La Nouvelle Revue Française* y *The Cri-*
terion la suma trinidad de revistas europeas. ¡Y pre-
cisamente fue el gran Ortega quien forjó aquella
palabra! No era justa ni referida a las construcciones
abstractas del cubismo. ¿Quién sino hombres con muchos refinamientos humanos —Juan Gris, Picasso,
Braque— pintaban aquellas naturaleza muertas nada
muertas? Se concibe, sí, una pintura no figurativa.
Pero la palabra es signo y comunicación: signo de
una idea, comunicación de un estado —como repite
Vicente Aleixandre. Otra cosa habría sido hablar de
antisentimentalismo, de antirrealismo.

… …

Algunos, torpes, han llamado «generación de la
Dictadura» a la de Salinas y sus amigos, cuando ninguno de ellos participó de ningún modo en el régimen
de Primo de Rivera, tan anticuadamente dictatorial
que no obligó a concesiones en el comportamiento ni
en los escritos de esa generación. Escritores de dictadura surgen más tarde. Entre el 20 y el 36 había
tiempo libre: libre para que se cumpliese cada des-
tino individual.

Aquellos poetas, muy bien avenidos, eran muy diferentes. Cada uno tenía su voz.

… …

…Hay una censura que jamás se ha dirigido a estos
poetas: que escriban mal. Sí se les ha reprochado que

escriben demasiado bien. Esta objeción es, en realidad, un elogio —acompañado de zancadilla.

... ...

La poesía no requiere ningún especial lenguaje poético. Ninguna palabra está de antemano excluida; cualquier giro puede configurar la frase. Todo depende, en resumen, del contexto. Sólo importa la situación de cada componente dentro del conjunto, y este valor funcional es el decisivo. La palabra «rosa» no es más poética que la palabra «política». Por supuesto, «rosa» huele mejor que «política»: simple diferencia de calidades reales para el olfato. (Dice Shakespeare, o más bien Julieta a Romeo: «...a rose / By any other name would smell as sweet».) Belleza no es poesía, aunque sí muchas veces su aliada. De ahí que haya más versos en que se acomode «rosa» que «política». *A priori*, fuera de la página, no puede adscribirse índole poética a un nombre, a un adjetivo, a un gerundio. Es probable que «administración» no haya gozado aún de resonancia lírica. Pero mañana, mañana por la mañana podría ser proferido poéticamente —con reverencia, con ternura, con ira, con desdén— «¡Administración!». Bastaría el uso poético, porque sólo es poético el uso, o sea, la acción efectiva de la palabra dentro del poema: único organismo real. No hay más que lenguaje de poema: palabras situadas en un conjunto. Cada autor siente sus preferencias, sus aversiones y determina sus límites según cierto nivel. El nivel del poema varía; varía la distancia entre el lenguaje ordinario y este nuevo lenguaje, entre el habla coloquial y esta oración de mayor o menor canto. A cierto nivel se justifican las inflexiones elocuentes. Nada más natural, a otro nivel, que las inflexiones prosaicas, así ya no prosaicas. En conclusión, el texto poético tiene su clave como el texto musical. Absurdo sería transferir notas de *La realidad y el deseo* a *Soledades juntas*, a *Jardín cerrado*. Lenguaje poético, no. Pero sí lenguaje de poema, modulado en gradaciones de intensidad y nunca puro. ¿Qué sería esa pureza, mero fantasma concebido por abstracción? La poesía existe atravesando, iluminando toda suerte de materiales brutos. Y esos materiales exigen sus nombres a diversas alturas de recreación. Sólo en esta necesidad de recreación coincide el lenguaje de estos poetas inspirados, libres, rigurosos.

CRONOLOGÍA

1893. Nace en Valladolid el 18 de enero.

1899-1911. Estudios primarios. Cursa el bachillerato en el Instituto San Gregorio, de Valladolid. Pasa dieciséis meses en un colegio de Friburgo (Suiza).

1910. Primer viaje a Italia.

1911-1913. Estudia Filosofía y Letras en Madrid, en la Residencia de Estudiantes.

1913. Se licencia en la universidad de Granada.

1913-1914. Reside en Alemania.

1917-1923. Lector de Español en la Sorbona. Corresponsal en París del periódico *La Libertad*.

1918. Empieza a versificar en París.

1919. Escribe los primeros poemas de *Cántico* en la playa de Tregastel (Bretaña francesa).

1920. La revista *España* le publica dos poemas: «Antilógica» y «Colores de un solo arco», que no figurarán en *Cántico*, libro que estuvo a punto de titularse *Mecánica celeste*.

1921. Se casa con la francesa Germaine Cahen.

1922. Nace su hija Teresa.

1923. Muere la madre del poeta en Valladolid.

1924. Se doctora en Letras en Madrid. Nace en París su hijo Claudio.

1925. Hace oposiciones a cátedra de Lengua y Literatura españolas en Madrid.

1926-1929. Catedrático de esta asignatura en la universidad de Murcia. Funda y dirige con Juan Guerrero Ruiz la revista vanguardista *Verso y Prosa*.

1928. Primera edición de *Cántico*.

1929-1931. Lector de Español en Oxford.

1931-1938. Catedrático en la universidad de Sevilla.

1934. Conferenciante en Rumania. Segundo viaje a Italia. Veranea en Santander.

1936. Segunda edición de *Cántico*. En setiembre sufre unos días de prisión en Pamplona por motivos políticos.

1938. Se marcha al exilio.

1938-1939. Profesor en el Middlebur College.

1939-1940. Profesor en la universidad McGill de Montreal.

1940-1957. Profesor en el Wellesley College.

1945. Tercera edición de *Cántico*.

1947. Muere su esposa en París.

1947-1971. Profesor visitante en varias universidades estadounidenses y latinoamericanas.

1949. Estancia en Valladolid.

1950. Muere su padre. Cuarta edición, primera completa, de *Cántico*. De setiembre a diciembre es profesor en el Colegio de México.

1951. Viaja por Italia, deteniéndose especialmente en Florencia y Roma. Y por España: Madrid, Sevilla... (Muere Pedro Salinas en Boston.)

1954. Un grupo de grandes poetas le tributa, en Madrid, un homenaje, durante su permanencia en la capital.

1955. Visita nuevamente Sevilla. La Academia Americana de Artes y Letras lo premia.

1957-1958. Ocupa la cátedra de Poesía «Charles Eliot Norton» en Harvard.

1957. Premio della Città di Firenze. Publica *Clamor. Maremágnum.*

1958. Viaja por Grecia y por España.

1959. Premio di Poesia Etna-Taormina.

1960. Publica *Clamor ...Que van a dar en la mar.*

1961. Se casa en Bogotá con la romana Irene Mochi Sismondi. Grand Prix International de Poèsie en Bélgica.

1962. Viaja por Bélgica y Portugal. Quinta edición, segunda completa, de *Cántico.*

1963. Publica *Clamor. A la altura de las circunstancias.*

1964. Viaja por Holanda. En Florencia se le otorga el Premio San Luca.

1967. Publica *Homenaje.* Casi todo el mes de mayo lo pasa en Andalucía: Sevilla, Córdoba, Málaga.

1968. Publica *Aire nuestro.* Celebración del *Congreso Jorge Guillén* en la universidad de Oklahoma. La revista *Books Abroad* dedica un número especial al poeta.

1969. Vuelve por Andalucía: Málaga, Sevilla y Málaga.

1970. El día primero de marzo sufre una caída en la universidad de Puerto Rico. Se fractura el fémur y la muñeca izquierdos. Publica *Guirnalda civil.* José Manuel Blecua publica su edición crítica del *Cántico* de 1936, que inicia la colección «Textos hispánicos modernos», de la editorial Labor, de Barcelona.

1971. El 9 de mayo nace Nils Gilman, su biznieta. Viaja desde Cambridge (Massachusetts) a París, donde pasa el verano. Firma un contrato con la editorial Gallimard. Se traslada a Florencia, luego Roma, Boston, Cambridge.

1972. En Florencia se publica *«Opera Poetica» (Aire nuestro)*, en versión bilingüe y con estudio del hispanista italiano Oreste Macrì. Termina de escribir y de revisar *Y otros poemas* en el otoño de Cambridge.

1973. Celebra sus primeros ochenta años en la Costa Azul: Niza. El 18 de enero se ofrece un banquete en su honor, al que asisten numerosos comensales. La víspera de su cumpleaños se estrena en Madrid, bajo el patrocinio del Instituto Internacional y la Hispanic Society of América, una película sonora y en blanco y negro, titulada *Jorge Guillén: «Fe de vida»*. Emocionante «documental» realizado en U.S.A. por dos estudiantes de Harvard, John Ballantine y Miguel Marichal, nieto de Pedro Salinas.

BIBLIOGRAFÍA

BIBLIOGRAFIA

En esta bibliografía guilleniana no se mencionan las numerosas antologías, traducciones, ediciones críticas y privadas, anticipos de libros densos, prólogos, artículos, poemas...

OBRAS FUNDAMENTALES DE JORGE GUILLÉN

POESÍA:

Cántico (Revista de Occidente, Madrid, 1928. Segunda edición aumentada, Cruz y Raya, Ediciones del Arbol, Madrid, 1936. Tercera edición aumentada, Litoral, México, 1945. Cuarta edición, primera completa, Editorial Sudamericana, Buenos Aires, 1950. Quinta edición, segunda completa, Editorial Sudamericana, Buenos Aires, 1962).

Clamor. Maremágnum (Editorial Sudamericana, Buenos Aires, 1957).

Clamor ...Que van a dar en la mar (Editorial Sudamericana, Buenos Aires, 1960).

Clamor. A la altura de las circunstancias (Editorial Sudamericana, Buenos Aires, 1963).

Homenaje (All'Insegna del Pesce d'Oro, Milán, 1967).

Aire nuestro (All'Insegna del Pesce d'Oro, Milán, 1968).

Guirnalda civil (Halty Ferguson, Cambridge, Massachusetts, 1970).

PROSA:

Federico en persona (Emecé, Buenos Aires, 1959).

Lenguaje y poesía (Revista de Occidente, 1962. Segunda edición, Alianza Editorial, Madrid, 1969).

El argumento de la Obra (Ocnos, volumen primero de la serie «Española y latinoamericana», Llibres de Sinera, Barcelona, 1969).

En torno a Gabriel Miró (Ediciones de arte y bibliofilia, Madrid, 1970).

BIBLIOGRAFIA (MUY ABREVIADA) SOBRE JORGE GUILLÉN

ALEIXANDRE, VICENTE: «Jorge Guillén, en la ciudad», en *Los encuentros* (Guadarrama, Madrid, 1958).

ALONSO, AMADO: «Jorge Guillén, poeta esencial», en *Materia y forma en poesía* (Gredos, Madrid, 3.ª edición, 1965).

ALONSO, DÁMASO: «Los impulsos elementales en la poesía de Jorge Guillén», en *Poetas españoles contemporáneos* (Gredos, Madrid, 3.ª ed., 1965).

ALTOLAGUIRRE, MANUEL: «Inocencia y misterio», en *Revista de Occidente* (Madrid, enero-marzo, 1932).

AZORÍN: «Isla en tiempo», en *Ahora* (Madrid, 26 de febrero 1936).

BERGAMÍN, JOSÉ: «El idealismo andaluz», en *La Gaceta Literaria* (Madrid, 1 de junio de 1936).

BLECUA, JOSÉ MANUEL: «En torno a *Cántico*», en *La poesía de Jorge Guillén. (Dos ensayos)* (Zaragoza, 1949).

CANO, JOSÉ LUIS: «El tema del amor en *Cántico*», «El cuarto *Cántico*, de Jorge Guillén», «El nuevo humanismo poético de Jorge Guillén», en *La poesía de la generación del 27* (Guadarrama, Madrid, 1970).

Cano Ballesta, Juan: «J. Guillén, maestro de jóvenes», en *La poesía española entre pureza y revolución (1930-1936)* (Gredos, Madrid, 1972).

Cansinos-Asséns, Rafael: «Crítica literaria. *Cántico* (versos)», en *La Libertad* (Madrid, 22 de febrero de 1929).

Carrera Andrade, Jorge: «El pliego lírico de Jorge Guillén», en *Latitudines* (Quito, 1931).

Casalduero, Joaquín: *Jorge Guillén, Cántico* (Cruz del Sur, Santiago de Chile, 1946; 2.ª ed., Victoriano Suárez, Madrid, 1953).

Cassou, Jean: «Le lyrisme ontologique de Jorge Guillén», en *Cahiers du Sud* (Marsella, diciembre de 1953).

Castro, Américo: «*Cántico* de Jorge Guillén», en *Insula* (Buenos Aires, número 1, otoño de 1943).

Ciplijauskaité, Biruté: *El poeta y la poesía* (Insula, Madrid, 1966).

Collantes de Terán, Alejandro: «En honor de Guillén», en *La Gaceta Literaria* (Madrid, 15 de marzo de 1929).

Chabás, Juan: *Literatura española contemporánea. 1898-1950* (La Habana, 1952).

Darmangeat, Pierre: *Antonio Machado, Pedro Salinas, Jorge Guillén* (Insula, Madrid, 1969).

Debicki, Andrew P.: «El *Cántico* de Jorge Guillén», «Los detalles cotidianos en *A la altura de las circunstancias*», en *Estudios sobre poesía española contemporánea* (Gredos, Madrid, 1968).

Dehennin, Elsa: *Cántico de Jorge Guillén* (Presses Universitaires, Bruxelles, 1969).

Diego, Gerardo: «Diedro de Jorge Guillén», en *Escorial* (Madrid, junio de 1949).

DOMENCHINA, JUAN JOSÉ: «Literatura. *Cántico*», en
La Voz (Madrid, 25 de febrero de 1936).

DURÁN, MANUEL: «Jorge Guillén, hoy», en *Insula* (Madrid, diciembre de 1969).

FERRATÉ, JUAN: «El altavoz de Jorge Guillén», en
Dinámica de la poesía (Seix Barral, Barcelona,
1968).

GIL DE BIEDMA, JAIME: «*Cántico*. *El mundo y la poesía de Jorge Guillén* (Seix Barral, Barcelona, 1960).

GONZÁLEZ MUELA, JOAQUÍN: *La realidad y Jorge Guillén*
(Insula, Madrid, 1962).

GUERRERO RUIZ, JUAN: «Santayana y Jorge Guillén»,
en *Insula* (Madrid, 15 de noviembre de 1952).

GULLÓN, RICARDO: *La poesía de Jorge Guillén* (Zaragoza, 1949).

JIMÉNEZ, JUAN RAMÓN: «Jorge Guillén», en *Españoles
de tres mundos* (páginas 163-165, 334-336, Aguilar,
Madrid, 1969).

JIMÉNEZ MARTOS, LUIS: «Jorge Guillén entre naturaleza
e historia», en *El Libro Español* (número 94, Madrid,
1965).

MACRÌ, ORESTE: «Lettere spagnole. Poesía e filosofía»,
en *La Nazione* (18 de enero de 1964).

MORENO VILLA, JOSÉ: «La palabra ambivalente de Guillén es *Ser*», en *Leyendo a...* (México, 1944).

OLIVER, ANTONIO: «Dos horas con Jorge Guillén en el
Museo del Prado. Su nuevo libro: *Clamor*», en
Indice (Madrid, 15 de noviembre de 1951).

PALLEY, JULIÁN: «Jorge Guillén and the poetry of
commitment», en *Hispania* (Wallingford, diciembre
de 1962).

PAZ, OCTAVIO: «Horas situadas de Jorge Guillén», en

Puertas al campo (Universidad Autónoma, México, 1966; 2.ª ed., Seix Barral, Barcelona, 1972).

PRAT, IGNACIO: «Estética de lo absurdo y del sentido estricto en *Homenaje*, de Jorge Guillén», en *Insula* (Madrid, setiembre de 1972).

REJANO, JUAN: «Cuadernillo de señales. Fin de un ciclo poético», en *El Nacional* (México, 1 de julio de 1951).

SALINAS, PEDRO: *Literatura Española Siglo XX* (Alianza, Madrid, 1970).

SIEBENMANN, GUSTAV: *Los estilos poéticos en España desde 1900* (Gredos, Madrid, 1973).

SOBEJANO, GONZALO: «El epíteto en la Poesía Pura: Jorge Guillén», en *El epíteto en la lírica española* (Gredos, Madrid, 1956).

TORRE, GUILLERMO DE: «La poesía de Jorge Guillén. *Cántico*, nuevamente entonado», en *El Sol* (Madrid, 23 de febrero de 1936).

VALENTE, JOSÉ ANGEL: «*Cántico* o la excepción de la normalidad», en *Las palabras de la tribu* (Siglo XXI, Madrid, 1971).

VALVERDE, JOSÉ MARÍA: «Plenitud crítica de la poesía de Jorge Guillén», en *Estudios sobre la palabra poética* (Rialp, Madrid, 2.ª ed., 1958).

VIVANCO, LUIS FELIPE: «Jorge Guillén, poeta del tiempo», en *Introducción a la poesía española contemporánea* (Guadarrama, Madrid, 1957).

WILSON, EDWARD M.: «Moderb Spanish Poems. Jorge Guillén and Quevedo on Death», en *Atlante* (Londres, enero de 1953).

ZARDOYA, CONCHA: «Jorge Guillén y Paul Valéry», en *Poesía española del 98 y del 27* (Gredos, Madrid, 1968).

Zubiría, Ramón de: «Presencia de Jorge Guillén», en *Eco* (Bogotá, octubre de 1961).

Zuleta, Emilia de: *Cinco poetas españoles (Salinas, Guillén, Lorca, Alberti, Cernuda).* (Gredos, Madrid, 1971.)

Varios: *Insula* (número 26, Madrid, febrero de 1948). *Cuadernillo-Homenaje al poeta Jorge Guillén* (Publicaciones de la Real Sociedad Económica de Amigos del País, Murcia, 1956).

— *Luminous Reality, The poetry of Jorge Guillén.* Edited by Ivar Ivask and Juan Marichal. (University of Oklahoma Press, Norman, 1969.)

ÍNDICE ONOMÁSTICO

Este es mi libro. Se acabó.
No sea el azar quien lo pare.
Autor de su límite, yo.

JORGE GUILLÉN

ÍNDICE

TITULOS PUBLICADOS EN ESTA COLECCION

Precio del ejemplar: 60 ptas.

41. SOLANA, por *A. M. Campoy.*
42. JOSÉ LUIS HIDALGO, por *Obdulia Guerrero.*
43. ALFONSO PASO, por *Julio Mathías.*
44. GANIVET, por *Norberto Carrasco.*
45. SELMA LAGERLÖF, por *Dolores Medio.*
46. PÍO BAROJA, por *Eduardo Tijeras.*
47. * 3-P. NARRATIVA FRANCESA, por *Jacinto-Luis Guereña.*
48. ALDOUS HUXLEY, por *José Angel Juanes.*
49. ANA M.ª MATUTE, por *Rosa Romá.*
50. LORD BYRON, por *José Luis Blanco.*
51. L. F. DE MORATÍN, por *Leandro Conesa Cánovas.*
52. JORGE LUIS BORGES, por *Marcos Ricardo Barnatán.*
53. EDGAR ALLAN POE, por *Armando Ocano.*
54. HEMINGWAY, por *Stewart Sanderson.*
55. DUQUE DE RIVAS, por *Luis López Anglada.*
56. JAMES JOYCE, por *Manuel Arturo Vargas.*
57. PEDRO SALINAS, por *José Vila Selma.*
58. MIGUEL MIHURA, por *Fernando Ponce.*
59. CURZIO MALAPARTE, por *Mariano Tudela.*
60. IGNACIO ALDECOA, por *M. García Viñó.*
61. LAUTRÉAMONT, por *Miguel Bayón.*
62. JUAN VALERA, por *Luis Jiménez Martos.*
63. CESARE PAVESE, por *Julio M. de la Rosa.*
64. * 4-P. TEATRO ESPAÑOL CONTEMPORÁNEO, por *L. Rodríguez Alcalde.*
65. * 5-P. POESÍA ESPAÑOLA DE TESTIMONIO (I), por *José Gerardo Manrique de Lara.*
66. * 6-P. POETAS SOCIALES ESPAÑOLES (II), por *José Gerardo Manrique de Lara.*
67. EMMANUEL MOUNIER, por *Feliciano Blázquez.*
68. LEÓN FELIPE, por *Rafael Flórez.*
69. GOETHE, por *Luis Aguirre Prado.*
70. IBSEN, por G. WILSON KNIGHT.
71. PEMÁN, por *Emilio Gascó Contell.*

PROXIMOS TITULOS

PEDRO DE LORENZO, por *Santiago Castelo.*
RAMÓN SOLÍS, por *Manuel Ríos Ruiz.*
CONCHA ESPINA, por *Alicia Canales.*

* *Serie* PANORAMAS.

JOAQUÍN CARO ROMERO

Nace en 1940. Obtiene, entre otros, el Premio
Adonais de Poesía en 1965.
Ha publicado los siguientes libros de poemas:
*Espinas en los ojos, El transeúnte, El tiempo en
el espejo, Tiempo sin nosotros* y *Vivir sobre lo vivido*
(Antología poética 1960-1970), que,
con prólogo de Jorge Guillén, editó Insula en 1970.
Traducido al francés, al alemán y al italiano,
figura en varias antologías y diccionarios.
Se ha asomado a la literatura juvenil con *Vida del
centauro Quirón*, relato que es fruto de su interés
por recrear mitos de la antigua Grecia.
Es autor de la primera *Antología de la poesía
erótica española de nuestro tiempo*
(Ruedo Ibérico, París, 1973).

También ha realizado la selección y el estudio
preliminar de la antología de un poeta desconocido
de vanguardia: Rafael Lasso de la Vega.

PRECIO: 60 PTAS.